成功班主任案头必备

# 班主任快速成功金钥匙

刘 艺 郑喜春 编

航空工业出版社

北 京

## 内 容 提 要

本书共分为4个部分，分别就班主任完美人格的构建、创建良好成长环境、学生心灵的呵护和魅力教育的艺术等方面进行了全面、细致的阐述，以使班主任发挥自身的人格魅力，扮演好自己的角色，促进班集体的建设，力求每位学生得到全面发展。

本书适合中小学班主任阅读，也可作为教师培训教材及图书馆收藏。


**图书在版编目（CIP）数据**

班主任快速成功金钥匙/刘艺，郑喜春编.—北京：航空工业出版社，2017.10（2022.3 重印）

ISBN 978-7-5165-1336-1

Ⅰ.①班… Ⅱ.①刘… ②郑… Ⅲ.①中小学—班主任工作 Ⅳ.①G635.16

中国版本图书馆CIP数据核字(2017)第233319号

班主任快速成功金钥匙

Banzhuren Kuaisu Chenggong Jinyaoshi

---

航空工业出版社出版发行

（北京市朝阳区京顺路5号曙光大厦C座四层　100028）

发行部电话：010-85672663　010-85672683

永清县晔盛亚胶印有限公司印刷　　全国各地新华书店经营

2017年10月第1版　　2022年3月第2次印刷

开本：710×1000　1/16　　印张：14　　字数：160千字

印数：5001—11000　　定价：28.00元

# 前 言

教师是塑造人类灵魂的工程师，而班主任则是战斗在这一阵地最前沿的战士，是一班之魂。据统计，全国有中小学生2亿多人，有中小学教师近1000万人，其中班主任大约有500万人。他们承担着独特而艰巨的任务，活跃于教育前沿阵地。

教育是艺术，但它首先需要科学的审视，需要我们以理性、客观、严谨的态度，去了解可以做什么，不可以做什么，怎样做才能避免工作过程中的失误，怎样做才能达到预期的结果。这样，才能避免出现因悟性不同而产生巨大差异的情况，才能使班主任在工作中尽快找到方向，从而确保基本的教育质量，不使学生为班主任工作的盲目性与随意性“埋单”。

不管是课改前还是课改后，管好一个班级，犹如搞好一个系统工程，班主任从任职那天起就要有十分强烈的“质量”意识，要真正在培养学生高尚情操、塑造学生美好心灵上下功夫。班主任只有树立起全新的教育观、质量观、人才观,才能培养出适应21世纪竞争形势的创新人才。因此,班主任不仅应该具有崇高的职业道德、无私的敬业精神、渊博的专业知识和科学的教育理论,以及现代教育观念和开拓创新精神,而且还需要不断提高自身的素质修养与专业工作技能,科学而艺术地教育孩子。

《成功班主任案头必备》丛书对班主任的角色、任务、操作系统进行了界定:班主任是全面关心学生发展的人,是学生的精神关怀者,是学生生命中的"重要他人"。因此,班主任应学会精神关怀,学会班级建设,应在具有发展性的班级教育系统中,促进学生的全面发展。

这是一套集思广益的书,分别从班主任的师德修养、心育艺术、语言艺术、新型工作方法、精选教育案例等方面进行了大量翔实、具体、生动的描述,并有针对性地进行了分析提炼,对班主任提高自身的素质和工作技能具有较大的借鉴价值和实用价值,具有一定的指导作用和启发意义。

希望本丛书的出版,能为广大班主任提升自身素质和专业技能提供一定的帮助,推动我国班主任工作事业向着新的高度迈进。

编　者

# 目录

Contents

坏的一部分。“我们班”这三个字应该是班级成员经常说的，而且说的时候是骄傲自豪的。



纵观古今中外历代名人创下的种种辉煌，无一不是高度责任感的凝聚，而社会的诸多悲剧大多是不负责产生的后果。所以，对青少年责任感的培养已经引起整个社会的高度重视。在学生时代形成的人生观、价值观、道德观将会影响到他们终身的人生旅程。

欣赏是有效实施教育的态度,是有效教育的重要途径之一。在学会倾听的基础上,欣赏学生,不仅包含了对学生的理解和宽容,更重要的是把学生当做正常的人一样;不仅欣赏优秀学生的优秀品质,而且要学会欣赏学生的缺点和失误。

# 第一编

## 完美人格的构建

教育家夸美纽斯将教师职业比喻成“太阳底下最光辉的事业”,人们也常说教师是“人类灵魂的工程师”,这都说明了教师的职业是伟大的,尤其是班主任用爱去教育,这更是一种无私的奉献。对学生无私的关爱是一位优秀班主任人格魅力的具体体现。

教师的人格，就是教育工作中的一切。

——乌申斯基

# 增强自身人格魅力



时代在发展，教育也在发展，新时期的班集体以育人为目标，着眼于班级所有学生健康地学习和生活，使其个体获得和谐的发展。作为班主任，无疑也必须求发展，尤其是发挥自身的人格魅力，扮演好自己的角色，来促进班集体的建设工作，力求每位学生的全面发展。

## 一、班主任人格魅力的来源

所谓"人格"，按字典里的说法，既指个人的道德品质，也指人的性格、气质、能力等特征的总和。而"魅力"，则是指"很能吸引人的力量"。据此理解，"班主任的人格魅力"，当是指班主任在人格方面表现出来的"很能吸引学生的力量"。就其本质而言,班主任的人格是班主任个人内在学养和禀性的总和,是班主任的知识、能力、情感、习惯、意志、信念、气质和道德情操等方面的高度统一和集中体现。

教师是学校教育行为的具体执行者,而在班级授课制的今天,学校的教育行为主要是通过班集体来进行的。作为"园丁",作为班集体建设的具体承担者和管理者,班主任在学校教育中的地位和作用更是非同小可。实践证明,班主任的思想水平、工作能力和道德品质,往往决定着班集体的建设水平,会对班集体的教育质量产生根本性的影响。一个优秀的班主任,可以通过自己的努力改变差班的面貌,使其进入优秀班集体的行列;而一个不称职的班主任则可能与此相反。因此,无论是学生、家长,还是学校领导、教师,都对班主任寄予了莫大的希望。学生入学,不仅希望能进入理想学校,更希望能遇到一位好的班主任。学校在吸纳新教师时,也总是把能否当班主任、能否当好班主任作为重要的参照。这些都充分地表明了班主任工作有着举足轻重的地位和作用。

学校教育,既要教书,又要育人,既要传授知识、培养能力,更要陶冶道德情操、培育人文精神。学校教育能否成功,在很大程度上取决于老师,特别是班主任老师的知识水平、业务能力和道德品质。可以说,班主任是影响学生最积极、最深刻的因素;班主任的天职,就应当是为人师表。这里的"为人师表"有两种内涵:一为"经师",即传授知识;一为"人师",即教学生做人。为人之师,自当为人之表;为人之表,方能为人之师。故人云,"学高为师，身正为范”，这就需要班主任加强师德，正心修身，励志笃行，精其业，美其德，以自身的学识修养和道德品质，以自身的人格魅力去吸引学生，感染学生，影响并规范学生，让学生因亲其师、敬其师，而信其理、从其道。

苏联著名教育家乌申斯基说：“在教育中一切都应以教育者的人格为基础，因为只有人格才能影响人格。”结合他的这番话，对班主任人格魅力于学校教育的重要意义，我们还可以从班主任工作的劳动对象、劳动过程和劳动方式的特点方面来加以认识。

班主任工作是一项特殊而复杂的劳动。其特殊性表现在，他每天面对的，是年轻、单纯的青少年学生。学生正处于世界观、人生观初步形成的重要时期，具有可塑性大，模仿能力强，“向师性”“从师性”明显等特点。俗话说“兵随将转”，无论班主任是否意识到，在学校教育中，学生总是把他们的所作所为视若权威，奉作典范的。德国教育家第斯多惠曾说：“教师本人是学校里最重要的师表，是直接的最有教益的模范，是学生活生生的榜样。”而班主任尤其如此。班主任的思想行为、道德观念，乃至一个手势，一种姿态，一丝笑意，或一次愠怒，都可能对学生的思想行为和道德观念产生不可估量的影响。因此，无论课堂上还是日常生活中，班主任老师都应当严格要求自己身体力行，以自己的智慧、品德、修养等，做好学生的表率。孔子说：“其身正，不令而行；其身不正，虽令不从。”即是说，要把学生培养成什么样的人，教师首先自己就应当是这样的人。班主任希望学生具有什么样的品质，首先自己应当具有这样的品质。班主任要教给学生什么样的思想，首先自己得具有这样的思想。一句话，班主任应当以自身的人格去丰富学生的学识，陶冶学生的情操，塑造学生的人格，让学生不令而行，心悦诚服，敬师尊师，乐学好学。

班主任工作的整个过程，说到底，就是班主任以自身的知识、情感、习惯、格调、信仰、思想境界、道德水平和情操志趣，通过各种行为方式渗透并影响、作用于学生的过程。其实，作为人类文明薪火相传的一种方式，教育本身就是一种人文影响，一种情志贯通；而且，这种影响和贯通，往往不是在轰轰烈烈中展开，而是在平凡、普通、细微甚至琐碎中体现。用苏霍姆林斯基的话说，“教育是人和人的心灵上最微妙的相互接触”。班主任每天与学生朝夕相处，在以自己的学术知识直接教导学生，培养学生才智的时候，也以自己的言行举止和思想品质，通过潜移默化、熏陶渐染的方式影响着学生。班主任教给学生的，不只是书本里现成的知识，还有无法物化在书本里的道德信念和人生哲理。班主任不仅是学生求知的引导者，更是学生做人的领路人。正因如此，陶行知才将老师的职责表述为“千教万教，教人求真”，将学生的职责表述为“千学万学，学做真人”。要教学生“求真”，班主任自己首先得“真”；要让学生从自己身上“学做真人”，老师也当首先是一个“真人”。只有如此，班主任的育人工作才能起到春风化雨，润物无声的效果。在教育教学过程中，优秀的班主任，应当以自己崇高正直的人格魅力，去吸引和感染学生；那种虚假伪善、巧言令色、道貌岸然、人格卑下的班主任，是不可能把学生教好的。

就劳动方式而言，班主任是以自己的学术水平和道德情操为依托，通过自身的榜样示范，去征服、感化、教育学生的。从宏观上讲，无论哪种教育，归结起来都不外乎“言传身教”四个字。所谓“言传”，就是通过教师的语言——书面语和口语，对学生晓之以理，这当然是主要的途径，但并非唯一的手段。在教育方式上，更重要的还是“身教”。所谓“身教”，就是教师正人先正己，通过自己的身体力行，去影响和规范学生的行为；所谓“身教”，就是学为人师，行为世范，就是以身作则，率先垂范。教育学生弄清是非，首先自己得弄清是非；教育学生要有理想，首先自己得有理想；教育学生要勇敢、正直、诚实，首先自己得勇敢、正直、诚实。一句话，凡要求学生做到的，班主任自己应当首先做到，正所谓“与其喊破嗓子，不如做出样子”。我们常说“身教重于言教”，班主任的学识深浅、能力强弱、品德优劣、人格高下，对学生的人格形成都有直接而重要的影响作用。对学生的心灵来说，班主任的人格范例，是任何教科书和道德说教都代替不了的“最有用的阳光”（乌申斯基语）。一位好的班主任，本身就具有强大的说服力、感染力和教育力。俗话说，“跟着好人学好人，跟着端公学假神”，只有人格才能影响人格，只有灵魂才能熔铸灵魂，只有自己具有美好高尚的心灵，才能使别人的心灵更加美好高尚。

班主任劳动对象、劳动过程及劳动方式的特点，都要求班主任不仅要有较高的专业知识水平，还要有高尚健全的人格力量。而班主任的人格力量，正是来自学术水平和道德情操的完美统一。在这里，学术水平是重要的，道德情操更为重要。但丁说过“道德可以弥补学识的不足”，而道德方面的缺陷，却是再高深、再渊博的学识也无法弥补的。与此同时，我们也应当看到，班主任老师的人格力量并非一成不变，而是在个人先天素质的基础上，通过具体生活环境，其中包括家庭、学校、工作岗位、周围社会等多方面的影响逐步形成和完善的。

十年树木，百年树人。教育是未来的事业，关乎国运兴衰。今天的学生将是明天国家的栋梁。振兴民族的希望在于教育，振兴教育的希望在于班主任。作为“人类灵魂的工程师”，班主任应当以自己的精深学识去教育、引导学生，又以自身的人格力量去影响、熏陶学生，使他们不仅学到科学文化知识，而且懂得正直、真诚、谦谨等做人的道理，成为一个“真正的人”。

班主任的人格魅力根本上来源于班主任的价值倾向和相应的情感品质，来源于班主任在日常交往中所自然而然展现出的灵魂世界。具体来说，班主任的人格魅力主要来源于以下几个方面：



### （一）渊博的学识和教书育人的能力

这样的班主任不但在教育教学上游刃有余，而且善于处理和协调跟学生以及同事之间的关系，创造融洽和谐的工作氛围，以利于获得事业的成功。从这样的班主任身上，学生性格能受到各方面的良好影响，受益终身。

### （二）善良和慈爱

这样的班主任会在平等的基础上善待每一个学生，不会因为学习成绩的好坏与家庭背景的不同而歧视学生。在他们的心里，教好每一个学生是他们的职责。他们胸怀博大，容得下性格脾气各不相同、兴趣爱好各有差异的学生。这样的班主任不仅是学生的良师，也是慈爱的长者，更是学生的知心朋友，他们不仅关注学生的学习成绩，也关心学生的思想品德与行为习惯的养成。

（三）信任和宽容

在教育工作中，对学生充分信任和宽容的班主任能把主动权交给学生，让学生在探索中享受成功。这样的班主任不会一味采取灌输、包办代替的方式去教育他的学生。班主任应该充分相信学生的能力，想方设法锻炼提高学生的能力。尽量不要对学生说“你必须这么做”这样的话，学生更喜欢老师对他们说“想一想，你应该怎么做。”对于学生的人品，更要给予百分之百的信任和欣赏，即使在学生有过失的时候，也要相信学生能改正过失重新开始。作为班主任不应当只看到学生的现在，更要关注学生的将来，从而利用现在为学生将来的发展打基础。总之，班主任是学生的指导者和引路人，一个对学生充分信任和宽容的班主任，才能带领学生走上健康发展的道路。

（四）对事业的忠诚

这样的班主任不仅仅把教书育人看成谋生的手段，而是毫无私心杂念地投身其中，以教书育人为崇高的职责，并能从中享受到人生的乐趣。他们以自己的真诚去换取学生的真诚，以自己的正直去构筑学生的正直，以自己的纯洁去塑造学生的纯洁，以自己人性的美好去描绘学生人性的美好,以自己高尚的品德去培养学生高尚的品德。

### (五)从不满足的执著精神

这样的班主任始终能用不骄不馁的形象去感召学生追求卓越,在挫折和困难面前,他们是当之无愧的强者,他们不会陶醉于成功之中而不思进取,更不会沉溺于暂时失败的痛苦中不能自拔。他们会反思,并从中获得经验教训,从而确立新的奋斗方向和目标,用勤奋和智慧浇灌出更丰硕的成果。实践证明要想做一名成功的班主任,必须首先做一个具有人格魅力的人。

## 二、增强班主任人格魅力的方法途径

良好的班集体的培养,首先要求班主任必须提高自身的素质,提升自己的人格魅力,这样才能更有效地教育学生,更好地管理班集体。

### (一)不断学习,做知识的富有者

“师者,所以传道、授业、解惑也。”而学生最不能原谅的便是教师一问三不知或一知半解。在知识更新加快、传播渠道多样的今天,教师已不再是学生获取信息和知识的唯一途径。因此,学生并不会因为教师年龄大而信服教师。教师只有具备真才实学才会受到学生的敬重和信服。班主任老师如果没有真才实学是很难在学生中实施有效的教育和管理的。因此,班主任必须不断用新知识充实武装自己,不仅要精通所教学科,还要熟悉所学专业的一切知识。

有真才实学，堪称人师，才能搞好教学，这是教师的职责所在。毛泽东同志在谈到老师和学生的关系时，曾说："要想当好先生，就得要先当学生。"可见，教育者必须先受教育。学生在学校教育中，首先是学习知识、培养能力，班主任也首先应当具有深厚的专业知识，并随时吸收新信息，不断更新和充实自己的学养，在知识能力方面赢得学生的尊重。师高才能弟子强，作为"传道授业解惑"的主体，班主任应当凭自己渊博的学识，让学生发自内心地佩服他、敬重他，甚至崇拜、模仿他，而不是凭借班主任的架子或暴躁的脾气去树立威信。与此同时，班主任要科学育人，还必须懂得教育教学的基本规律，掌握先进的教育教学理论，加强工作的针对性、预见性和科学性。这就需要班主任老师必须严谨治学，深钻精研，对所教学科全面掌握，融汇贯通，而不能"以其昏昏，使人昭昭"，要真正做到"学而不厌，诲人不倦"，从善如流，不断进取，以提高自身的学养能力。作为一个现代教育者，班主任最理想的知识构架应当是渊博深厚的基础知识，加上生动丰富的社会人生知识，再加上扎实系统的教育科学知识。只有这样，才能带领学生在知识的海洋中遨游，引导学生全面发展。

不论是国内外时事、要事，还是生活中的琐碎小事，班主任老师都应当把他们作为自己日常关注的事情，尽可能多去学习，多去了解，多去认识。班主任老师必须做到学生知道的，自己更知道，学生了解的，自己更清楚，学生不懂的，自己也理解。做老师的人经常说："要给学生一杯水，自己必须要有一桶水。"时代在发展,社会在发展,学生在发展,班级也在发展,作为班主任,无疑必须求发展,不断加强学习,吸取最新的、最先进的、最科学的东西,做知识的富有者。只有不断学习,才能提高班主任的人格魅力。

(二)加强修养,做为人师表的楷模

无论是教育态度还是教育方法,都要真诚。班主任对自己的事业,要真心热爱,乐于奉献;对自己的学生,要赤诚相待,开诚布公。不居高临下,不自欺欺人,不夸夸其谈,不口是心非,不唱高调,不摆架子,不夸饰,不炫耀,总之要诚实无欺。陶行知先生的《育才十二要》里第一条就是"要诚实无欺"。俗话说"诚则灵"、"伪则败",只有真诚才能赢得尊重,也只有真诚才能换取真诚,才能打开学生的心扉,沟通师生的思想,搭起教育者和受教育者之间的桥梁。作为一个班主任,既要做学生的良师,又要做学生的益友;既要以身作则引导学生,又要像父母一样时时刻刻给他们深沉的爱。"爱"是教育的基础和前提,是师生间最有力的联结点,也是最有权威的教育力量。

身教重于言教。班主任要求学生做到的,自己首先要做到,要用自己的言行做出榜样。孔子云:"子师以正,孰能不正。"他认为,一个人首先自立,才能立人;首先正己,才能正人。所以,他又说:"其身正,不令而行;其身不正,虽令不从。"如果说学生是教师的模板,是教师生命的延续,那么一个班级就是班主任的模板,是班主任个性的延续。因此,班主任在班级的日常管理中应该率先垂范,言行一致,用自己的实际行动教育学生,真正成为学生学习、效仿的楷模和表率。

如班主任模范地维护班级环境卫生，不吐痰，不随手丢杂物，以饱满的热情和积极的姿态出现在学生面前，习惯走进教室就检查桌子是否排得整齐，随手把讲台上的粉笔盒摆好，看见地上有纸团便随手捡起，把门口倒了的拖把扶起等等，大到教育教学中的每个环节，小到在班级中的各种场合下的言谈举止，处处给学生以表率，潜移默化地感染着学生、激励着学生，增强他们的班集体责任意识，维护班集体的良好形象。北师大校训“学为人师，行为世范”说的也就是这个道理。只有加强修养，才能提高班主任的人格魅力。

### （三）做一专多能的教师

班主任首先是一名教师，首先要必备教书育人的能力。除此之外，作为班主任还需具备的能力有很多，如观察、分析、判断能力，组织协调能力，个别谈话和谈心的能力，口头和书面表达的能力，发现、培养和使用人才的能力，总结工作的能力，良好的人际交往能力等等。

新时期还要求班主任应有体察学生的思想、情感、需求，捕捉学生思想信息的能力，及时把握他们的真实态度的能力，启迪学生心灵的能力，教育和管理相结合的能力，较高的演讲与对话能力等。具备多种能力的班主任，不仅在教学上让学生敬佩，而且在日常班级管理中也能善于协调师生之间的关系，能用幽默的语言，让学生在高雅的幽默中接近与老师的距离，增强学生的向师力和对集体的归属感。此外，作为班主任老师还应该与时俱进,接轨新课程改革,全面推进素质教育,不把学生看作知识的容器和考试的机器,相信学生的能力,并在实践中不断提高学生的能力。这样,学生在体味获得成功的喜悦时,也会感叹遇到一位优秀的班主任。一个只会教书而不会做工作的班主任是不完整的,也是不称职的。只有提高能力,才能提高班主任的人格魅力。

### (四)关爱学生

人们常说教育是爱的事业,没有爱就没有教育。博爱是弥漫在班级之池的水,滋润着每一个学生的心田。师爱是学生接受教育的心理基础,是形成班集体的前提。关心热爱学生,对每一个学生都付与真诚的情感和尊重,才能赢得学生的爱戴与信任,使学生相信、接受老师的教育与引导,收到“亲其师,信其道”的效果。

教育家夸美纽斯将教师职业比喻成“太阳底下最光辉的事业”,人们也常说教师是“人类灵魂的工程师”,这都说明了教师的职业是伟大的,尤其是教师用爱去教育,更是一种无私的奉献。对学生无私的关爱是一位优秀教师、一位优秀班主任人格魅力的具体体现。班主任的爱常常体现在普遍的关注,普遍的期望,普遍的信任和必要的宽容。这样的班主任能始终无私地关爱着学生,不把学生当“物”管,而是把学生当“人”待,与学生的交流是真诚地交流,正因为有了这种零距离地与学生交心,才能真真切切地和学生“知心”,也只有心中有爱,才能做到“以爱育爱”。而学生也会在班主任这种爱的感召下,在充满爱的管理中不断地体验人与人之间那种友爱、善良、尊重、信任等美好的感情，进而逐步形成对人与人之间关系的正确认识。

不仅如此，学生还会由单纯的接受别人的爱转变为爱同学、爱老师、爱父母，会形成爱集体、爱人民、爱祖国的高尚情感和信念。另外，爱学生的确重要，而严格要求学生则是对学生爱护关心的更深层次的体现，所以必须做到宽严相济，使严出于爱，爱寓于严。在这样教育下成长起来的学生不会陶醉于成功之中而不思进取，更不会沉溺于暂时失败的痛苦中不能自拔。班主任应当像对待自己的子女一样真诚地爱护每一个学生，在学生遇到困难需要帮助时，班主任要及时出现在他们面前，要让学生通过崇高的师爱，感受到班集体的温暖。只有真诚地关心爱护每一个学生的班主任，才能赢得全班学生发自内心地爱戴与尊敬，成为学生最信赖的人。爱的本身就是教育，只有关爱学生，才能提高班主任的人格魅力。



**教育案例**

2006 学年第一学期，一位刚接手高二(1)班的班主任，对于这个新班级，除了知道学生基础差，以及原来一年级某个班的不占少数的“风云人物”来到这个班外，其他则一无所知。

面对这样的现实情况，如何将这个班建设成良好的班集体成了这个班主任的一大心病。除了常向同事们请教外，他还翻阅大量的有关班级建设的书刊，并得出了一个结论：教师爱学生，就会使学生在他的生活中，不断体验人与人之间那种友爱、善良、公正、尊重、信任等美好的感情，进而逐步形成对人与人之间关系的正确认识。

由于这种认识和信念有着坚实的思想感情基础，学生不仅会由单纯的接受别人的爱，转变为爱同学、爱老师、爱父母，而且还会形成爱集体等高尚情感和信念。在这样的基础上，形成的班集体才是牢固的。

这位班主任始终相信，教师对学生真正的关心和帮助一定能使学生们转变过来。做任何事都贵在坚持，在接班后的半年多的日子里，学生如果生病或者身体不适，班主任都会真心地给予必要的帮助，所以像带学生去看医生的事时常发生，而且有时候班主任也会替他们垫付药费。为了解决学生平常的小病小痛，这位班主任在办公室准备了一些常用药。尽管这些都是些微不足道的生活细节，但对学生产生的触动是无法估量的。在这个班主任的坚持和努力下，高二(1)班的学习风气、卫生环境、学生们的精神面貌都大大好转，逐渐甩掉了“差班”的帽子。

教育过程首先是一个精神成长过程。

——雅斯贝尔斯

# 提升自身专业化水平



班主任的教育劳动是一种专业性的劳动,不是任何一个人都能胜任班主任的工作,也不是任何一个班主任都能体验到班主任工作的快乐和幸福的。要胜任班主任的教育劳动,就需要逐渐地走向专业化。只有经过努力,发挥自己的教育智慧,创造性地劳动,体验到自己劳动的价值,感受到它的神圣性,才能享受班主任工作的快乐和幸福,才能真正体验到人生的意义。

班主任专业化的内容是多方面的,这里仅仅讨论其几个主要的方面:

## 一、学会精神关怀

班主任是全面关心学生发展的老师,包括关心学生的生活、健康、学习、心理、道德等等。学生是有血有肉的人，关怀学生就是关怀生命。班主任是全面关怀学生生命发展的主要教师，主要包括关怀学生的自然生命、精神生命（包括价值生命）。就教育是文化—心理过程而言，这里重点讨论对学生精神生命的关怀。班主任是学生主要的精神关怀者。精神关怀主要是关怀学生的心理生活、道德情操、审美情趣等方面及其成长与发展，即关怀他们的精神生活质量和精神成长，关怀他们当下精神生活状况和他们未来的精神发展。班主任最根本的教育理念、最重要的教育品质就是对学生的精神关怀，能与学生心灵沟通，如德国思想家布贝尔说的“我—你”对话。精神关怀内容是很广泛的，关心、理解、尊重、信任是关怀情感的基本表现，也是学生基本的精神需求，因而也是班主任专业劳动的基本内容。学会关心、理解、尊重、信任学生，是对班主任专业化的必然要求，而真正学会、学好也是一个过程。



### （一）关心

班主任的教育劳动是人性化的劳动，关心学生是班主任的天职。加拿大学者范梅南认为，教育智慧主要体现在对学生的“关心取向上”，关心是“人的崇高使命”。大家敬仰的斯霞老师是爱心育人的典范。关心是一种关系，也是一种品质，并非每个教师一开始工作就具有关心品质。关心品质的获得以及如何关心是需要学习的。学会关心实际上是一种道德学习，也是一种形成关心性关系的过程。学会关心和形成关心性关系，是同一过程的两个方面。人是在关心与被关心中学会关心的,而学会彼此关心,也就是形成了关心性关系。关心作为一种德行品质,是一个整体。从个体的学习来说是一种"践行—体验—认知"结合的学习策略。首先要践行,即基于一定认识和带有一定情感的行动。这种关心的行动,不仅是道德践履的外在表现,也是关心的意识(知)和关心的情感(情)的载体。行动的过程就是学习关心品质的过程,行动负载着知和情,行动过程是体验相互的关心与被关心的过程,是整合知情行为统一体的过程,是学习关心品质的过程,是形成关心性关系的过程。关心以尊重为前提,学会关心必须学会尊重。学会关心,包括合乎理性的关爱,认识关爱与尊重、关爱与被关爱、关爱与严格要求的关系,辨明关爱与溺爱、关爱与恩赐的区别等。

(二)理解

这里的理解是指对人的理解。对人的理解,主要指对人的心灵世界的理解,即在心理上体验他人心理、精神需求、人格特点等等。因此,理解是以人的方式把握人,与对物的认知有根本的不同。窦桂梅老师说:"我常常阅读名著,我也天天阅读孩子,我强烈地感受到自己便是在阅读和欣赏人类最伟大的生命的杰作。"因此,理解就是对人的生命的把握。理解是双向的。教育的成功,不能没有理解。班主任要学会与学生相互理解、相互感悟、相互激励、相互涌动、相互发现、相互创造、共同成长、共同发展。学会理解不容易,成人世界与儿童世界不同。要相互理解就应当学会尊重,学会与学生平等交往，相互袒露胸怀。学会理解，就要如李吉林老师说的“用儿童的眼睛看世界”，学会将心比心，学会换位思考，这样才能走进学生心灵，才能懂得学生，从而让学生走近自己、懂得自己。

(三)尊重

尊重是对人的一种态度，是在实践上承认人的尊严。学生是人，是有思想、有感情、充满活力的生命。学会尊重，就是学会对人的生命的关注，要学会尊重人的自然生命，更要学会尊重人的人格，尊重人的精神生命。尊重他人是快乐的，被他人尊重也是快乐的。学会尊重，要处理好自尊与尊人的关系。只有尊重学生才能从学生那里得到尊重。如我国著名教育改革家、全国优秀班主任魏书生老师所说：“首先从自己做起，培养自己尊重人的品质，首先向对方输出尊重的信息。要改变只重学生学科成绩分数，较少关注学生心理生活、道德发展的状态，而应多多给予人文关怀，关注他们在情感、价值观方面的发展。在日常生活中，应当重视尊重学生的隐私——不私拆学生信件，不翻看私人日记。要尊重所有学生，包括学习困难、存在弱点的学生。学会关心、理解学生，有助于学会尊重学生、学会欣赏学生，去感受尊重的美好。”

(四)信任

每个人的心理世界都有光明的、积极的一面。相信每个学生都有他的优点和长处，相信每个学生都有积极进取的愿望。

教育人类学指明人是具有“明天性”的，儿童和青少年尤其是这样，他们总是希望认识新的事物，获得新的知识，向往新的学年的到来，他们是创造未来的生命体。班主任相信自己的学生有渴望新知、天天向上的要求，而这是处理好师生关系、教育好学生、促进学生发展不可少的条件。因此，信任学生是对学生应有的态度，是班主任专业化必须具备的品质。对学生的合理期望，有助于提高学生的自信，促进学生的进步。善于发现学生的闪光点，才能帮助他们健康成长。接纳每一个学生，相信每一个学生都能成才。相信学生的辨别能力，如李镇西老师所说的，相信“学生总是对的”。这是就面对学生的批评意见，教师应采取的态度而言的，即肯定学生能提意见这种精神、提意见的良好动机和积极的效果而言的。真的领悟到这一点，就会感到愉快。

关心、理解、尊重、信任都是对人的认识和态度，同时也是教育的基础、教育的力量，这四者之间是相互联系的。关心与理解是紧密联系的，在关心中获得理解，理解学生才能善待学生。关心以尊重为前提，也是尊重的表现。当然，信任也是尊重的一种表现，对学生的尊重、期待与信任，会给学生带来愉快的体验。

精神关怀是双向的。作为精神关怀者，班主任掌握与学生的心灵沟通的艺术十分重要。但这是教育的艺术，也是教育的智慧，是一种缄默知识，需要我们在不断地学习教育理论、反思自己和他人的教育实践中，慢慢地去意会、去领悟。

### 二、学会班级建设

组织、教育、管理班级的知识和能力是班主任专业化特有的要求。这里我们主要讨论提高班级教育的能力问题。

班主任对学生实施教育,除通过所教学科的教学外,主要是通过班级教育系统进行的。因此,班级教育系统是班主任实施教育的特殊操作系统,我们把它称作“发展性班级教育系统”。这是旨在促进学生发展的教育,是以班主任为主导,由相互联系的班级教育目标、班级教学、班级学生集体、班级活动、班级文化、班级管理、班级教育合力、学生发展评价等各子系统,有机构成的班级教育整体。每个子系统都是班级教育系统整体的一个维度、一个侧面,都是具有整体性的、具有自己特有的教育功能的。其中班级教学是所有任课教师都参与的,因此我们不将其包括在班主任特殊操作系统中,不作为班主任专业化的专门要求。除班级教学外,其他各子系统的运作和教育功能的发挥都是班主任的特殊操作系统。如何进行班级建设,保证班级教育中各子系统的有效运作,充分发挥其教育功能,是班主任专业劳动的基本功,是班主任特有的专业化的主要内容,具体包括以下各方面能力的提高:

### (一)适宜的班级教育目标的能力

善于调动学生积极性,共同讨论、制定班级教育目标,目标始终定位在学生的发展上,有针对性,体现班级特色,体现发展性要求。

### (二)建设真的学生集体

真的集体应是一种学习共同体。它具有平等合作的结构关系、相互依赖的情感关系、共同的目标和利益关系，能尊重和促进学生个性发展，不以“集体利益”名义侵害个人利益和抑制个性发展。

### （三）组织班级教育活动的能力

善于组织多种多样的班级教育活动，切实提高教育活动的实效性，防止形式主义。善于让学生在活动中展示自我、发展自我、实现自我。

### （四）优化班级文化的能力

具有建设富有生命活力的班级文化的能力，发展积极的班级精神，形成有特色的班级文化。学会在班级文化创造中发展学生。

### （五）人性化的班级管理能力

班级教育管理的特点是教育性，管理的过程应是教育的过程，应是为育人服务，最重要的是具有以人为本的管理理念，能充分发挥人的积极性，为学生的发展创造良好的条件。

### （六）形成班级教育合力的能力

善于拓展班级育人空间，依靠学校领导、社区领导，使班级教育与学校教育、家庭教育、社会教育形成整合一致的教育合力。

### （七）具有发展性评价的能力

发展性评价的目的是引导、激励、促进学生的发展。发展性评价内容主要是对学生德行发展、心理发展、能力发展的评价。善于根据不同的情境、不同的学生，运用多种方式（包括奖惩等方式）进行评价。给学生的操行评语是制度化的评价方式，宜人性化、个性化、审美化。

上述各方面能力相互联系，构成了完整的班级教育能力。这是班主任应具备的主要教育能力，也是班主任主导班级教育的基本功。

## 三、班主任的教育信条

上面从班级教育系统的角度讨论了班主任的教育能力，这里将从更广泛的教育原理的角度来讨论班主任认可的一些教育指导思想、教育准则、教育规范；而这些教育思想准则不仅仅适用于班主任，也具有更广泛的指导意义。

有一项问卷调查，列出 19 条教育指导思想、教育准则、教育规范，要求被调查者从中选出自己认为重要的选项。下面是被大多数教师认可的教育信条：

尊重与信任学生；了解学生心理，与学生沟通；公正地对待学生；营造良好班级文化氛围；建设良好班级共同体；关心、热爱学生；言教与身教结合；鼓励学生；终身学习，持续发展；形成班级教育合力；喜欢、热爱班主任工作。

上述教育信条是依据一定的教育理论和教育实践经验确定

为问卷内容的，又是再一次经过班主任选择的。因此，上述教育信条是可以作为对班主任专业化要求的，班主任可以充分利用调查所得的信息。班主任还可以在自己的教育实践中体验、反思、继续探讨、修订、完善。这将是一个持续学习的过程，也是一个愉快的探索过程，特别是当有所发现，有所前进的时候，你会体验到一种快乐。那时，你就会想到我国著名教育改革家、全国优秀班主任魏书生老师说的："做老师而不当班主任，那真是失去了增长能力的机会，吃了大亏。"

某校为了响应班主任专业化的号召，开展了班主任专业化培训。下面是该校班主任专业化的培训方案：

**一、培训途径**

（一）自我培训

班主任专业化重在建设，重中之重在于班主任的自我建设。

首先，制定班主任专业化自我发展计划。指导班主任分析现状，特别是分析自身的优势和不足，确定专业化发展目标，然后制定出短、中、长期的发展计划。

其次，在班主任工作实践中进行培训。学习工作化，工作学习化，是我们的基本理念，即把工作的过程看成是学习的过程，把学习如同工作一样地要求。所以，我们始终坚持把“学习—反思—研究—总结—实践—升华”作为班主任自我培训的基本模式，提倡在学习中反思工作中遇到的问题，带着问题去研究，然后寻求解决问题的方法，改进班主任的教育工作实践，提升班主任素质。这样，形成工作、学习、研究、发展四位一体，成为班主任成长的有效途径。

（二）校本培训

21世纪的中国教育改革进入了以加强德育为核心，以培养学生的创新精神和实践能力为重点，全面推进素质教育的新阶段。教师队伍的建设是素质教育的关键因素，班主任是教师队伍中的骨干力量，班主任专业化素质的高低直接关系到素质教育的成败。因此，在校本培训中加强班主任专业化素质的培养，主要有：

专业理念：“育人为本”的教育观，“认识学生、研究学生”的学生观，“发挥学生的潜能，相信每一位学生都能成功”的人才观，“以学生发展为核心”的教育评价观，等等。

专业精神：关爱精神，敬业乐业精神，学而不厌精神，教育创新精神，勇于负责精神，等等。

专业道德：爱岗敬业，团结协作，献身教育，热爱学生，促进发展，以身作则，为人师表，等等。

专业知识：现代班集体建设要素，比较完善的基础科学文化知识，边缘学科和新学科知识，最新科学技术和社会科学信息，等等。

专业能力：学习能力，组织能力，交际能力，科研能力，洞察能力，自我发展能力，创新能力，等等。

(三)观摩考察

“他山之石，可以攻玉。”到教育发达的地区去，走进名校，近距离地感受现代教育的气息，聆听教育专家的话语，感悟现代教育的新理念、新思想和新做法，为我所用，是促进班主任成长的途径之一。

## 二、培训方式

### (一)自学反思——班主任成长的有效途径

班主任专业化建设贵在学习、重在反思。班主任自学方式最灵活，内容最丰富，也最具有针对性。班主任在自学中要学会理性反思，对自己和学生的思想行为特点进行分析和总结，掌握其中带有普遍性、规律性的东西，不断提高自己的专业能力。因此，在开展学习培训时，指导班主任从实际出发，制定出专业性强的专业化培训计划，同时制定出专业化的目标要求。在学校可能的前提下，为班主任提供时间与空间、经费与教材方面的支持，培养班主任自觉学习的好习惯，努力提高自己的专业化水平。

### （二）集中学习讨论——强调团队学习

团队智慧高于个人智慧，良好的团队学习氛围，是促进班主任专业化建设的基本条件。比如组织班主任研讨“怎样上好一节主题班会课”，其程序是：①由一位班主任根据班级和学生的实际情况拟出提纲；②本年级或全体班主任参加集体备课；③班主任集体听主题班会课；④由该班主任说课，其他班主任集体评课。这样，班主任们参与到班会课的各个环节中去，畅所欲言，激发了学习的活力。又如开展案例分析，我们要求每个班主任精选出班主任工作中最成功或最棘手的案例，在学习时先抛砖引玉，其他班主任则可以畅所欲言，形成争相发言的激烈场面，共享成功的喜悦。

### （三）读书活动——由读书开启心智

首先，制定读书计划。研究室根据实际情况制定出短、中、长期的学习培训计划，然后根据每位班主任的具体情况，帮助班主任有针对性的制定个人读书计划。从2002年秋季至今，学校精选部分教育专著为必读书，如唐云增教授的《中小学班集体建设经验全书》、我国著名教育改革家、全国优秀班主任魏书生的《班主任工作漫谈》、彼得·圣吉的《第五项修炼——学习型组织的艺术与实务》，另外还有《高中班主任》、《教师的成长和发展》、《班主任——专业化的理论与实践》、《专业化——挑战21世纪的教师》等。其次，建立个人读书学习档案，要求班主任写读书笔记、心得体会，结合教育实践撰写教育案例、教育故事或教育随笔。最后，在读书方式上，采取自学与集中学习相结合。

### （四）课题研究——提高专业能力的阶梯

该校在班主任培训中采取了课题研究的培训方式。课题研究的过程，就其本质来讲就是发现问题、提出问题、分析问题和解决问题的过程。该校班主任课题研究的步骤，包括确定科研课题、收集课题的资料、制定课题研究计划和进行课题研究活动等几个环节。

该校高一、高二年级共17名班主任参加了全省和全国优秀班集体建设实验研究，分别申报了“主题型班集体建设”和“学习型班集体建设”两个课题。该校提倡课题研究以案例（问题）研究为主，班主任带着工作中出现的问题去学习、反思、研究，寻求可解决问题的办法。该校以课题研究为契机，做到人人有课题、人人搞研究，促使班主任自觉学习，从而加快了青年班主任的成长。

每一句话都对他们饱含热情，每一个眼神都对他们寄托希望，每一个手势都对他们亲近，每一个动作都给他们以鼓励。

——苏霍姆林斯基

# 增强自身心理素质



心理素质是人的多方面心理能力的综合,是个体所表现出来的经常和稳定的心理特征。班主任工作是一项既艰苦又繁杂的工作。班主任的一言一行时时刻刻潜移默化地深刻地影响着学生。在当前新的环境下,社会赋予班主任的任务重大,对其心理素质提出了更高的要求。一个称职的班主任应该具备以下几个方面的心理素质:

## 一、敏锐的观察力

观察是我们智慧的眼睛在众多关系中看见事物本质的活动。为了搞好班级工作,必须获得多方面的信息。班主任应从学生的表情、言语、动作探幽索微,洞察学生的内心奥秘。善于分配注意力，能够随时形成若干注意中心，对学生的一举一动、一笑一颦都加以留意，并认真琢磨其心理，把学生的心紧紧吸引到教育的磁场内。

## 二、丰富的想象力

班主任是“人类灵魂工程师”群体的重要组成部分，在塑造新人的过程中，要有丰富的想象力，慧眼识良才，善于发现人才，培养人才，推荐人才，为人才的成长创造条件，把学生蕴藏的巨大潜能挖掘、诱发出来。班主任可以根据社会发展的需要和学生的特点，预料他们的发展方向，有针对性地施加教育影响。还要经常注意学生的思想发展和变化情况，发现问题苗头，及时进行教育、引导。对学生要有充分的信任、乐观的信念，相信青少年学生人人有志、人人有智。

## 三、旺盛的求知欲

班主任工作的对象是正在成长的青少年，青少年对世界一切都有新奇感，对一切都要探问个为什么。作为班主任要时时保持对新鲜事物的敏感性，时时勤奋地学习与思考，必须有旺盛的求知欲，有丰富的专业知识和教学的文化修养。班主任既要学有专长，又要广泛涉猎；既要专精，又要博览；既要精通一门学科，又要研究相邻学科。作为班主任，要懂得教育科学，学好心理学、教育学、哲学、伦理学、历史、经济学等。总之，班主任必须要有勤奋、刻苦、勇于探索的学习精神，具有较高的文化水平、专业知识和教育理论素养，才能适应现代科学日新月异的发展趋势。

## 四、坚强的意志

班主任工作是一项艰苦的工作，社会赋予的任务重大。工作中会遇到诸多错综复杂的矛盾，只有长期保持充沛精力和坚忍的毅力，才能在工作中取得成绩。班主任要对几十个学生的全面成长负责，担子很重，困难很多，需要付出极多的时间和精力。班主任还必须与社会、家庭直接打交道，进行立体化、全方位的工作，有时还要面对料想不到的困难和偶发事件，这一切都需要班主任有坚强的意志、无私奉献精神、坚忍不拔的毅力、不计名利荣辱的自我调节能力。从对学生的影响角度来看，作为班主任，在学生面前要表现得坚毅、勤恳、沉着、耐心，这是教育艺术的一项内容，是教育工作的一种有效手段；相反，马虎敷衍、朝三暮四、优柔寡断，对学生迁就姑息、随意让步，很容易造成学生不良的意志品质。

班主任具有良好的心理素质在教育中的作用是巨大的，对学生健康成长的影响不可估量，它是完成社会赋予学校重任的保证，是为人师表必须具备的素质，每一位班主任都应积极培养自己良好的心理素质，努力做好班主任工作。

**教育案例**

陈老师新接的班里小王是一个两次留级的学生，老师们对他的印象很不好，陈老师还不熟悉小王的实际情况，决定去家访。他轻轻地叩小王家的门，里面没有回音，门是虚掩的，推开门朝

里一看，被眼前的情景惊呆了：一个光着膀子，背脊流汗的小伙子正蹲在地上。在他面前一台录音机被拆得七零八落，电器零件和工具铺了一地，他正在专心致志地焊线头。当陈老师说明身份和来意时，他笑了。

“你会修理录音机？”陈老师问。

“学学就会，并不难。”他腼腆地回答。

“没想到你有这方面的本事。可是有了特长，还需要掌握一定的科学文化知识，不然你的特长就很难进一步发展。我完全支持你的兴趣爱好，只要你好好学习，以后如果有深造的机会，我一定推荐你。”

小王高兴地向陈老师点点头，笑起来了。

在以后的日子里，由于陈老师的引导，小王的学习有了进步，还经常为学校的老师修半导体收音机，受到了老师们的赞扬。后来小王又被推荐到区科技站参加课外电子技术班学习。当小王拿到通知书时，激动地对班主任陈老师说：“陈老师，我做梦也没想到，学校会让我去学习。我一定好好学习，不辜负学校领导和老师的期望。”

如果没有陈老师的深入了解，没有发现小王动手能力强的特点，小王将可能继续是差生，也免不了留级。所以，没有对学生的深入了解，班主任的爱是一句空话，是实现不了的。

其身正，不令而行；其身不正，虽令不从。

——《论语·子路》

# 班主任怎样树立威信



教育心理学家认为，教育者的个人威信与教育效果呈现出较为明显的一致性。因此，班主任在学生中享有较高的威信，是搞好班级工作和教育好学生的前提和保证。班主任的威信是一种无声的教育力量，树立在学生心目中的崇高威望，是做好班主任的一个重要条件。有威信的班主任的一句话，能胜过缺乏威信的班主任的十句话。一个受学生爱戴敬仰的班主任，他所开展的班级工作常常充满生机和活力。那么，如何树立班主任的威信呢？

## 一、满腔热情，爱生如子

热爱学生是班主任教育艺术的基础和前提。爱心，不仅骨肉情需要，同事、朋友、师生之间同样需要有爱心，没有爱就没有信任。在班级管理中，班主任应该把自己的爱心洒进每一个学生的心田，时时处处为学生着想，用一颗真诚的心去感化学生，用真心爱自己的事业，爱自己的学生，对每一位学生，都应付出自己的满腔心血，在班主任眼里没有差生，更没有教不好的学生。

**二、言出必信，令出必行**

立身处世，要取信于人，其中一个重要的条件是表里如一，言行一致。作为一个班主任，要取信于学生，必须做到言出必信，令出必行。那些不切实际的话不要信口开河；办不到的事情，切忌做种种许诺。说话要掷地有声，说到做到；谎言假话，即使一句也会造成不良影响。

有一次，张老师带一个班级，在开学的时候他就许诺星期日带领全班同学去人民公园游玩。到了星期口那天早上，全班同学兴冲冲地来到校门了，张老师家中突然有急事，需要他回去处理。望着同学们扫兴的样子，张老师毅然决定委托他人帮自己处理家事，按计划带领全班同学去游玩。事后，他获得同学们的信任，师生关系融洽，学生由亲其师而信其道，学习热情空前高涨。

事实证明，班主任朝令夕改，必定影响自己的威信。就是对班规班约，如果班主任还没有考虑成熟，就不要随便成文；一旦公布了的就一定坚决执行，做到有纪必依，执纪必严，违纪必究，因为一次“放纵”就有可能使原有的规章成为一纸空文，从而直接影响班主任的威信。

## 三、为人师表，言传身教

教师被喻为人类灵魂的工程师，老师的思想、行为对学生产生潜移默化的影响，尤其班主任是班集体的教育者和组织者，影响更为直接。所以，班主任应处处以身作则，严于律己，才能给学生一种可敬可信的感觉。班主任在工作上忠于职守，兢兢业业，刻苦耐劳，勇于开拓进取；生活上朴素大方，举止文明，谈吐文雅，平易近人，坦诚正直。这样，才能给学生以良好的影响。下面这件事也许会对我们有所触动。

有一次，某学校组织学生对老师进行评议，结果，李老师所任课的班级都一致评价他时间观念强，从无迟到早退现象。这件事虽小，却在学生中产生了良好的影响。

## 四、刻苦钻研，善教善导

人民教师的任务是教好学生，教师只有教好功课，才能在学生中树立威信。马卡连柯说：“假若你的工作、学问和成绩都非常出色，那你尽管放心，他们会站在你的一边，决不会背弃你。相反的，不论你多么亲切，你说的话多么动听，但假如你的工作总是一事无成，总是失败，假如处处都可以看出你不通业务，假如你做出来的成绩都是废品，‘一场空’，那么除了蔑视之外，你永远不配得到什么。”

因此，班主任应该精心备课，加强对学生的训练，加强辅导，提高教学效率；应该更新知识，不断学习，刻苦钻研业务知识，掌握教育理论，积极参与教育教学研究，提高自己的教学水平。即使有多年教学经验的教师，也应积极进取，不断接受新知识，不断研究新问题。班主任只有具备比较广博的业务和较高的教学能力，对学生做到善教善导，才能适应教学需要，才能在学生中树立和巩固自己的威信。基于这种认识，从教以来，教学工作之余，班主任应该孜孜不倦地读书学习，广泛阅读教育、文学、美学、哲学、心理学等书籍。丰富的知识，会使班主任从容地教学，赢得学生的赞扬和信任。

**教育案例**

小伟是一名插班生。他小学是在实验小学读的，成绩很好，初一时到了现在就读的学校。小伟个性很强，但心理很脆弱，受不得挫折，不能够很好地处理好与同学、老师的关系。正因为这样，在“非典”期间，与同学和老师产生了矛盾。因为常常与大家产生矛盾，小伟觉得自己受到了“排挤”，以后就经常不来上课，逃避同学和老师，导致学习成绩直线下降，以前那种上进心逐渐没有了。后来，只要碰到不顺心的事就不上课。在高老师接到这个班以后没几天，果然就又发生了这样的事情，高老师马上放下手中正在批改的作业，到他家里进行家访，与他谈心，循循善诱，动之以情，晓之以理，然后带着他一起回到学校。

之后，高老师几乎天天与小伟家长进行联系，询问情况。即使是这样，他的情况在一开始仍没有得到较大的改观,在这学期期中考试的第二天早晨,高老师又接到了他妈妈的电话,说他不想来考试,高老师问有没有什么原因,他妈妈说只是早晨催他快点到学校。于是班主任高老师冒着雨又一次来到他的家里,与他谈心,分析利弊,最后小伟与高老师一起回了学校,参加了考试。终于,功夫不负有心人,小伟在第二学期各方面都有了很大进步。正如他妈妈所说的,“小伟最佩服高老师,也最相信高老师,高老师处理事情讲道理、讲原则,有人情味,能平等对待每一位学生,不歧视学生。”

是真情与爱心,使高老师与学生的距离如此近,也使这个班主任赢得了学生的心。

优秀的班主任就是一名教育专家。

——佚名

# 做科研型的班主任



有些教师不愿当班主任，觉得做班主任那些婆婆妈妈的事没多大意思。这实在是一种偏颇的认识。人们常说，优秀的班主任就是一名教育专家。这绝不是溢美之词。因为班主任工作之“杂”，正说明需要班主任思考、研究、解决的教育问题之多，这恰恰是班主任从事教育科研极为丰富的宝藏，这也为每一位班主任成长为教育专家提供了可能。那么，班主任应怎样结合本职工作提高自己的教育科研水平呢？

## 一、乐于请教

这似乎是老生常谈，但一些青年教师往往不以为然。向中老年班主任以及其他优秀班主任请教，并不是礼节性的谦虚，而是诚心拜师。特别要强调的是,这种“拜师”不应只是几次交谈或听课,而是长期观察、跟班见习;学习的重点不在于其具体的做法,而是悉心领会其教育思想和带班艺术。乐于请教,还包括以书信方式向一些有影响的教育专家请教,从而开拓自己的视野,丰富自己的思想,使自己能从教育宏观的角度审视自己的工作,而且还能从专家们的指点中受到鼓励。向学生请教,也是很重要的。这主要是指多在学生中进行调查研究,及时了解他们对班主任工作的评价,听取他们的建议与批评。

## 二、勇于思考

思考活跃、思维敏捷是青年教师的特点,也是青年班主任进行教育科研的优势之一。“勇于思考”的含义主要有二:一是不迷信权威。在尊重并继承古今中外一切优秀教育理论与传统的同时,敢于以追求科学、坚持真理的胆识,辨析其中可能存在的错误之处。即使是向当今公认的教育专家学习,也不应不加分析地盲目照搬,而应经过自己的头脑,结合自己的实际情况消化、吸收。二是要善于发现问题。发现问题是研究问题的前提。我们生活在学生中间,每天都会遇到并处理各种各样的教育问题,有的青年班主任对此感到心烦。其实,这正是一个又一个的研究课题向我们源源不断地涌来,班主任研究的切入口也正在于此,甚至对一些似乎已有定论的教育结论,我们也可以根据新的实际、新的理论予以重新认识与研究,或修正,或补充、或发展。

## 三、广于阅读

对于有志于从事教育科研的班主任来说，广于阅读的意义在于既可以掌握科研的理论武器，又可以随时了解这一领域内的各种信息。因此，青年班主任无论多忙，都不可忽视广泛的阅读。一般说来，为教育科研而进行的阅读，其内容可侧重于四个方面：一是经典教育理论书籍，包括教育学、心理学、教育史等著作。这是青年班主任必不可少的理论素养。二是杰出教育家的专著。在有了一定的阅读基础之后，我们可根据自己的情况，选择某一位或某几位教育家的著作做系统阅读，重点研究。三是反映国内外教育研究最新观点、最新动态的教育报刊。阅读这些报刊，可以使我们从别人的研究中或者受到启发，或者避免课题“撞车”。四是反映青少年学生生活、心理的各类读物，包括学生写的和写学生的散文、小说、报告文学等等。通过这些读物，我们可以从更广阔的范围内了解、认识我们的教育研究对象。

## 四、善于积累

材料的积累对于教育科研的重要性是不言而喻的。积累的过程就是“采矿”的过程，积累越丰富成果就越丰硕。青年班主任可留心这四方面的材料积累：一是学生的作文、作业、日记、周记等书面材料。当然，不是所有的学生文字都收存，而是注意保存那些最能真实反映学生心灵世界的文字。二是建立“特殊学生档案”。对特优生、“双差生”、有明显特点的学生进行长期跟踪观察,记载他们的成长过程、变化情况、学习状况、社会交往、家庭环境等等。三是班主任本人进行教育实践、实验的有关记录材料,包括班级重大活动,对学生的个别教育、对偶发事件的处理等等。四是对学生进行调查的结果,包括各种数据统计等等。还需说明的是,对这几方面的材料,班主任一定要进行分门别类的整理,以备查用。

## 五、勤于写作

文字表达也是科研的基本功。一提到写作,有些班主任往往以自己不是语文教师为理由而不愿提笔。其实,教育科研要求的写作能力,主要是内容充实、条理清楚、语言通顺,应该说,这些要求对于经常练笔的青年班主任来说是不难达到的。“勤于写作”写什么呢?

一是记录自己平时在教育教学方面的思想火花:一次联想、一次顿悟、一个念头、一缕思绪……都可以以随感、格言的形式记下来。过一段时间,读一读自己在教育教学方面的思想感悟,把他们系统化、理论化,可以逐渐提高教育教学理论水平,然后将这些理论再付诸实践,形成一个良性循环。

二是教育笔记:在班级教育与管理中成功或失败的做法,对“特殊学生”的跟踪教育等等。

三是教改实验报告、学生心理调查报告、班主任工作总结等材料。

四是根据自己的工作经验或体会写成的有一定理论高度的教育论文。

在这四类文字中，前两类一般是写给自己看的，而不是为交流、发表而写，其主要目的既为练笔，也为积累；后两类文字则可以在校内外交流或试投报刊，这是使自己的科研成果被社会承认的一种形式。

增强教育科研修养，当然并不只是青年班主任的事。但无论是从青年教师个人发展的需要看，还是从我国教育者整体素质提高要求看，应该说青年班主任尤为迫切。比起单纯的学科教学，目前我国对班主任工作的科学研究相对薄弱；然而，这恰恰为一切有事业心的青年教育提供了一块大显身手、大展宏图的天地。实践已经证明，结合班主任工作进行教育科研，正是普通的青年教师通向教育专家之路的起点。

教育案例

北京市怀柔区某中学不良行为学生的教育干预研究方案



## 一、问题的提出

青少年的健康成长，小而言之关系到家庭的和谐与幸福，大而言之关系到国家的前途和命运。近年来，屡见报端的青少年违法犯罪问题令人触目惊心；同时越来越多的教师和家长反映现在的孩子不好管、不服管，学校中不良行为学生的比例逐年上升。

如何遏制住未成年人违法犯罪和不良行为学生比例不断攀升的势头，怀柔区以参与市级课题《北京市中学不良行为学生的教育干预研究》为契机，通过问卷调查、访谈等形式筛查了全区25所初中、高中和职高学校，其中，不良行为学生118名，占学生总数的0.6%，无严重不良行为学生。截止2005年6月底，在怀柔区发案的未成年人犯罪35例，其中本地未成年人犯罪29例，他们多为职高学生或辍学学生，也有的是在校生假期犯罪。调查发现：尽管未成年人犯罪成因复杂，但都与其中学时的不良行为有千丝万缕的联系。所以，怀柔区将预防未成年人违法犯罪工作的重点放在了“教育转化在校不良行为学生”身上，从源头上预防和减少未成年人违法犯罪，并帮助不良行为学生纠正心理偏差、改正不良行为，引导其走上健康发展的人生之路。

中学生正处于青春发育期，生理、心理的巨大变化使他们表现出缺乏理智、情绪偏激、容易冲动的心理弱点，如果得不到老师和家长的及时正确引导，极易发生激情犯罪，从而影响学业和前程。因此，学校、家庭、社会各教育主体必须明确责任，分工协作，合力做好不良行为学生的教育转化工作。

## 二、研究目的与目标

### （一）研究目的

在初步了解怀柔区不良行为学生基本情况的基础上，从学校、家庭、社会和学生个性品质四个方面追根溯源，探究学生不良行为产生的原因，并对教育转化成功的案例进行重点挖掘，从正反两方面总结经验教训，从而明确学校、家庭、社会各教育主体的责任分工，探索构建以学校、教师为主导，家庭、学校、社会三位一体的开放式、立体化育人模式，提高教育转化工作的针对性和实效性。

（二）研究目标

在全区教育工作者中树立“以生为本”的现代教育观、学生观，本着对学生负责、对学生的发展负责的态度，探索转化不良行为学生的教育方法和规律，帮助他们在学业上、思想上、行为上取得不同程度的进步。同时使怀柔区教师在参与研究的过程中，获得教育观念、育人方法、业务能力方面的整体提升。

## 三、研究范围

怀柔区 25 所普通初中、高中和职业高中学校中，有九种严重不良行为和不良行为的学生。

## 四、研究内容

（一）怀柔区中学行为不良学生的不良行为归因分析及其干预措施

从学校、家庭、社会和学生个性品质等方面正确归因，明确责任，抓好各教育环节的衔接。重点探索学校教育在三结合教育中的主导作用，从而充分利用学校自身优势，指导家庭教育和社会教育，形成三个环节的有序、高效、良性互动。

（二）怀柔区中学行为不良学生干预方法、途径的研究

研究各校教育转化不良行为学生的成功案例和典型经验，研究提炼总结出怀柔区教育转化不良学生的途径、方法和特色。

（三）研究学校教育转化不良行为学生中存在的问题并探索教育对策

## 五、研究方法

（一）个案研究法

通过问卷、访谈分析不良行为学生的个性、心理、智力以及学习障碍等主观因素和学校、家庭、社会的客观因素。指导各校建立不良学生档案，跟踪调查，撰写不良行为学生成长案例。

（二）调查研究法

从不良行为学生在学生群体中的横向对比和其成长的纵向调查发现教育环节中存在的问题。

（三）经验总结法

收集怀柔区教师撰写的转化不良行为学生的成功案例和“教育有悔”的失败教训性文章，正反两方面总结教育规律，并从中发现好典型，总结经验，研究推广。

## 六、研究措施

（一）采取市课题组、区课题组和实验校课题组三

级管理、层层落实的研究办法。

(二)研究培训

1. 培训内容:

(1)学校三结合干预不良行为学生的教育主导作用如何发挥?学校干预的方法、途径、教训和经验有哪些?

(2)教师如何对不良行为学生进行正确归因?

(3)不良行为学生常见的心理问题是什么?如何引导其走出心理困境?

(4)怀柔区学校成功干预的案例、经验及存在的问题,外区县的好经验、好做法。

2. 培训形式:专题讲座、个案分析、现场研讨、经验交流、考察访问、网上答疑。

(三)课题研究充分发挥评价机制的激励作用

1. 区教委每年评选出成功转化不良行为学生的优秀教师、好家长各100名,成绩突出学校5所,以点代面,共同提高。

2. 重点挖掘在不良行为学生干预方面确实卓有成效的学校和个人(包括教师和家长)的成功经验,通过现场会形式全区推广。

## 七、研究成果

(一)第一年阶段成果(2006年底)

1. 准确筛查怀柔区不良行为学生的数量、各类学校的分布情况，指导学校建立详细的不良行为学生档案和对其不良行为正确归因，并结合学校实际制定干预措施。

2. 收集、整理一批成功案例、典型经验。

（二）第二年阶段成果（2007 年底）

1. 总结出怀柔区干预不良行为学生的整体经验，在方法、途径和措施上力求创新。

2. 继续收集、整理成功案例、典型经验。

（三）第三年结题成果（2008 年底）

1. 编辑出版怀柔区教育不良行为学生成果之一——《怀柔区成功转化问题行为学生优秀个案集》。

2. 撰写出怀柔区教育转化不良行为学生研究报告。

## 八、研究步骤与时间

（一）制定方案和组建队伍进行培训（2006 年 5 月 ~6 月）

（二）启动干预实验。布置对学生进行成因分析、心理分析（2006 年 5 月 ~12 月）

（三）根据分析结果提出措施展开实验（2006 年 7 月 ~2008 年底）

（四）跟踪、指导、筛选、分析个案（2006 年 6 月 ~2008 年底）

（五）归纳系列干预途径和方法（2006 年 10 月 ~2008 年

底）

（六）撰写报告、编辑个案集（2007 年 11 月 ~2008 年 11 月）

（七）结题工作（2009 年 1 月）

## 九、研究人员

课题负责人：王秀芹

德育研究员：唐亚丽、曹丽娟、李振茂钟、赫杰

实验校负责人：孟凡明、宋学淑、王金萍、李福军

推心置腹的谈话就是心灵的展示。

——温·卡维林

# 班主任的沟通技巧

班主任每天都与学生接触往来，但是否能及时了解学生的思想状况呢？也许，你曾多次找学生谈话，问：“近来你的思想状况怎样？”“你对班主任的工作有什么意见？”等等。结果，学生的回答和你的提问一样空洞。也许，你曾多次进行书面调查，要求学生给你提几条建议，写写对你的意见，其结果可想而知。为什么会出现这种局面呢？老师的工作方法太呆板，不符合学生的特点，激发不了学生与老师沟通的兴趣。作为一个班主任，一定想成为学生的知心朋友，想和学生进行心与心的交流，增进了解，促进师生感情。

## 一、沟通“三步曲”

第一步是观察。观察是班主任研究学生的主要方法之一。在工作中越是善于观察,越能深刻地认识自己的学生。学生有哪些特点和品质,哪些特点和品质应该加以培养,最好采用哪些方式和方法,而哪些特点和品质不利于学生健康成长,应加以改正等。为了全面了解班上的学生,班主任可以利用上课时、课间休息时、班级活动时、在餐厅就餐时、在公寓就寝时等一切能与学生见面的机会,仔细地观察学生,从而获得班上每一位学生的丰富的资料。

上课时,学生的知识水平、注意力和语言等种种特点,在较浓的学习气氛中得以流露和展现。通过观察,可以弄清楚学生对哪些学科感兴趣,学生思想理解教材以及学生的意志力,如是否坚持遵守课堂纪律,学习的态度等。班级活动是班主任了解学生的一个重要途径,通过班级举办的各种活动,可以发现学生的个性特征,尤其是学生的组织能力、交往能力、处事能力。



对学生的观察,是一个长期的过程,不能以一次活动或一节课的观察,就对学生下结论。从学生的语言里,从他的面部表情和姿态上,发现其行为的真正动机。对学生的个性做出某种结论,只有在获得一定的确凿事实的基础上加以综合分析后才有可能获得。



第二步是倾听。倾听就是用心细听。倾听首先要有听的兴趣、听的耐心,同时要注意观察和体会学生所表现的情绪以及词语的选择及运用。凡是成功的班主任,在与学生交往中,都十分重视这种心的交流。倾听学生的谈话,然后与其沟通,会起到重要的作用。它可以在平静中撞击出火花,又可以在波涛中留下一片平静的海湾。班主任认真的倾听、专注的神情,事实上就告诉学生:我很注意。

在现实中,有的班主任不重视倾诉学生的心声,没有倾听的兴趣;有的不善于倾听,以至于忽略了学生讲话的实质内容;有的甚至似听非听,影响了师生信任关系。

第三步就是谈话。谈话是班主任对学生实施教育最基本的一种方法,也是班主任一项最重要的基本功。话,人人会说,但话不是人人会谈。谈话是一种思想、观念和情感的交流,这不仅需要真诚和信赖,而且需要技巧和机智。班主任应注意挖掘学生的闪光点,极力赞美他们。

小徐是一个性格内向的学生,不善于与其他学生交往,缺少自信。由于心理压力大,一段时间学习成绩上不去,班主任发现他喜欢美术设计,时常写写画画,有时还画的挺像。于是就把小徐叫到办公室,结合他平日遵守纪律、学习认真等优点表现,极力表扬了一番,又分析了他在美术方面的发展潜力,鼓励他参加课外美术选修,团结同学争取更大的进步,当时小徐就很受感动。当班主任在班上征求《班级周报》的编辑工作时,小徐主动请求担任编辑工作。于是,班主任把这项任务交给了他。很快图文并茂的《班级周报》成为班级的宣传阵地,在学校评比当中屡屡夺魁。小徐同学为班级赢得了荣誉,连年被评为“十星学生”。

以上是与学生沟通的“三步曲”,做好学生的沟通工作还应保持宽容的心态,用心去呵护学生。

宽容是一个很好的心理品质和高尚的美德。作为班主任,在教育学生的过程中要用人格力量去感染、影响学生,应具有宽容的品质。苏霍姆林斯基曾经说过:“一个好的教师意味着什么?首先意味着他是这样的人,他热爱孩子,感到和孩子交往是一种乐趣,相信每一个孩子都能成为一个好人,善于和他们交朋友,关心孩子们的快乐和悲伤,了解孩子的心灵。”纵观古今中外,优秀的教师在教育方法上可以千差万别、各有千秋,但有一点却是共同的,就是对学生的爱。日本学者大成竹对698名学生进行的调查发现,“爱和宽容”占学生喜欢教师品质的第一位。我国的教育专家对2000名中小学生做的调查结果显示,学生们最喜欢的教师是宽容和富有爱心的教师。

班主任对学生的宽容,实际上就是班主任对学生的爱。班主任对学生进行的批评、讲述的道理和提出的各方面的要求,或是促进教育的过程,或是阻碍教育的过程。一个学生只有真正观察和体验到班主任对自己的批评教育和提出的要求充满着爱和宽容,才能化为自己的行为。相反,如果班主任对学生缺乏感情,态度冷漠,随意损害学生的自尊心和自信心,势必会引起学生厌恶和反抗,形成逆反心理。

当一个学生从班主任那里得到热忱的爱护和关怀,得到良好的感情体验时,他会逐步懂得应如何用高尚的道德情感去对待别人,学会处理人与人之间的关系,获得尊重他人、关心集体、与人为善、克己奉公等道德经验。

心与心的交流是教育者爱心奉献,教育个人,教育集体的一个沟通过程。只有心心相通,师生之间的距离才会拉近,师生关系才会更加融洽。一个学生往往会从崇敬一个全身心的热爱学生、理解学生的教师开始,从体验师生之间美好感情开始,正确看待人生，执著地向往、追求生活中的真、善、美。

**教育案例**

周记是每个学生记载一周生活和学习等各方面情况的一个载体，也记载着学生的喜怒哀乐。查看一个学生的整本日记，可以看出学生的世界观、人生观以及为人处世方面的日渐成熟，发现学习上是否有上进心。对张老师来说，周记是她与学生敞开心扉交流思想的场所，也是她获取各种有效信息的重要渠道。

一天上午，张老师和往常一样投入地改着学生的周记，看到小郭同学的周记中写道：“今天是新的一个月的第一个星期日，我的心跟最近的天气一样，非常不好，虽然有阳光，但是依然觉得冷。我也不知道为什么又想起了那件事，有时哪怕是一个小小的细节，都能促使我想起那件事，虽然不是一件坏事，但总觉得这件事阻碍着我的学习，左右着我的心情。但我不知道怎么解决，也不知道怎么办？反正觉得这件事让我心烦，本来打算在今天告诉班主任，但由于没有时间，就搁下了。也许一个人的一生真的不是那样一帆风顺，人生道路并不平坦，每当顺利时就会出现绊脚石；也许人的一生就像河流，只有在乱石丛中才会出现浪花。虽然我还没有尝到苦果，但已经闻到苦味。”

看了上述文章，张老师体会到了小郭内心的不平静，但又没有完全掌握是什么事，于是张老师就批示：“约个时间，我们好好聊聊。”

到了晚自修，没见小郭来，张老师想再把事情拖下去，可是又一想：如果因为这件事真的让小郭同学孤独地彷徨一段时间，影响就更大了。于是第三节课，张老师把小郭叫到了交流室，张老师笑了笑，问小郭："那件事是指什么？"小郭腼腆得笑了笑，什么也没有说。张老师又问："是不是男女同学之间的事情呀？"其实张老师早已注意到了小郭，因为连续两个星期他都收到了师范学校一位同学的来信，从其隽秀的字迹中可知，一定是位女生，而且信封上还写着："非本人勿拆！"

因为张老师已经打开话匣子，小郭便和盘托出："这是初中的事情，那时她是我的女朋友，是我隔壁班的。升入高中以后，我们就没有联系过，但是前不久她的同学告诉我她的电话号码，并把我的地址告诉了她。上个星期我就收到她的信。"张老师说："严重影响了你的学习？（确实，张老师多次看到小郭课上发呆）今天传达室的叔叔给我送来一封信，是你的，给你。"说着，张老师把信给了他。这时，刚好有个学生找张老师，张老师趁机给了小郭一个空间，他虽说算了可还是很急切地把信给拆了，认真地看着。一会儿张老师回来了，说："可以给我看看吗？"他也坦然，把信递了过来，张老师看了一下，分明可以看到一个少女对于少男急切的而又亲切的呼唤，并且在信中看到了她的苦乐和矛盾心理，并希望他记着他们的过去，希望他们能重新回到过去，要求小郭迅速回信，但是又不忍心打扰他。

看完了信，张老师淡淡一笑，说：“也没有写什么，只是觉得小王对你很有好感，看来你比较优秀。不过，你们相互之间了解多少？小王哪些优点特别吸引你？她读几年师范？”一连几个问题，小郭都答不出什么。张老师又给他讲了些大道理，但是不见效，就对他说：“还是先回去想想吧，试着把她的优点列出来，然后也找找她的缺点，看看她是缺点多还是优点多，值不值得优秀的小郭欣赏。”

过了两天，张老师再去问他：“优缺点栏呢？”他说：“真的认真想，也写不出什么。”于是张老师就顺水推舟地说：“其实，青春期的少男少女彼此有些好感是正常的，但是许多时候，你们也是跟着感觉走，对方有一点优点，就觉得对方很好；若有一点不好，就会把缺点放大，觉得毫无优点。既然你认真思考后，觉得没有什么特别的优点，甚至连她读几年都不知道，说明你不甚了解，也就不能从终身伴侣的角度去考虑，而只能作为一般朋友。三年中，她和你的人生观、价值观都会发生重大变化，都会变得越来越成熟，相互之间的看法可能会发生巨大变化。”谈了许久，张老师问他：“究竟怎么办？”他说：“这件事影响了我们的学习，对不起父母，也对不起老师，还是选择断了。”

早恋的事情，也不是很容易解决的，张老师说：“你已经说出来了，其实意味着解决了一半。你是一个有理智、勇敢的男孩，我相信你一定能自己调整好的。”其实，张老师心里还是没有底，以后几天张老师还是继续关注着他的情况,一个多星期中,张老师还是看到了小郭桌子上放着她的电话号码,有时上课小郭还是会出现神情恍惚的状态。一天,趁他不在,张老师拿走了他的电话号码。张老师想小郭一定是想跟她打个招呼。

“是不是可以让我跟小王联系一下?”这个问题张老师想了几天。一天晚自修下课,张老师终于拨通了小王的电话,那边传来了甜甜的声音,张老师先简单地介绍了一下自己和目的,并且把事情来龙去脉原原本本的说给她听,经过一番交谈。她说:“我很对不起他,害得他没有心思读书,其实我在这里也很孤独的,有了不顺心的事情,我就想告诉他。”女孩很坦率,对小郭的学习生活情况很关注,不仅询问了他的近期状态,还知道他期中考试进步了。张老师也知道少男少女的情怀不是靠生拉硬扯可以拆开的,于是张老师就对小王说:“我很喜欢你,我对你有个承诺,小郭的文科较差,但是理科较棒,高二一定不是我带的,但是我会关注他三年,促使他进步。我也会关注你三年,对于师范生来说,现在工作也不好找,如果成绩优秀,工作相对来说好找一些,所以我很希望你优秀毕业,等小郭考上大学了,有机会我再去关注你们一次。”小王说:“老师,你放心,我一定不会打扰他。希望他认真读书。”张老师说:“或许我们成了好朋友,有空联系。”

过了几天,张老师问小郭:“最近联系过吗?”他说:“没有,但是,我想跟她说一下。”张老师说:“我已经跟她说了。”此时,小郭笑了,笑得很有朝气,说:“谢谢！我真不知道怎样说好。”他的心也渐渐平息，可是12月25日的数学考试还是考砸了，他自觉找了原因，并且说：“一次失败，并不意味着失败，一次成功也不意味着永远成功，我会成功的。”显得很自信。

确实，那件事之后，小郭上课专心多了，英语学习方面更加刻苦踏实了，成绩有显著进步，本学期第一次考出了53分（平时最多40分），相信本学期末，还会有更大的进步。

2005年1月3日，张老师打了个电话给小王，祝她新年快乐！她感到很意外，但是很高兴。张老师这样做的目的就是她不想伤害一个少女的心，也鼓励她学会长大，学会自我调节，同时也希望她不要虚度青春，而是通过五年学习成为一个优秀毕业生。

许多时候，男孩和女孩的交往还只是处于好感和谈话投机阶段，并没有进入实质性的恋爱。面对校园之“恋”，教育仅靠简单的“禁”和“堵”是行不通的，关键在于疏导。春风化雨，润物无声。当班主任真正把道理向学生讲清楚，师生平等对话，并且学会聆听学生的心灵呼声，学生就能做到“亲师”而“信道”了，育人工作就会做到水到渠成。

## 二、班主任与学生谈话要注意的技巧

班主任要讲究谈话的艺术性，使之成为学生前进道路上欢快的乐声、误入禁区的哨声、驱除苦闷的良药。班主任与学生谈话首先要态度和蔼，语气亲切。这样，学生易于接受，敢讲真话，会向你敞开心扉。班主任与学生谈话宜采用“讨论式”的方式进行。在学习和集体生活中,学生常常会碰到一些难题,当学生同你讨论某些问题时,你们的意见可能会有分歧。遇到这种情况,班主任宜和学生进行讨论,层层剖析,引导学生正确理解问题,帮助学生逐步提高分析、判断和辨别的能力,切忌生硬训戒,让学生充耳不闻,口服心不服,感到迷茫。班主任在与学生交谈时可变换角色,做他们的知心朋友。当班主任想进一步了解学生的学习状况和家庭情况时,不妨试着变换一下角色,做一个大孩子,从学生的某一爱好或喜欢的亲朋好友谈起,或利用课外活动时间和他们共同打乒乓球、踢毽子、做游戏,在大家心情愉悦、感情融洽的时候引人话题。当学生觉得你是那么随和可亲,跟自己很合得来时,就会滔滔不绝地向你述说,让你了解他们的一切。此时,你跟学生的感情也就更加亲近了。谈话应该以夸奖鼓励为主。由于年龄等原因,学生思考问题、处理问题往往不太理智,这会使学生在心理上造成挫折感,影响了积极性、主动性。班主任就要善于做“催化剂”,多鼓励学生,给学生以充分信心和勇气,帮助学生扬帆起航,推动他(她)去勇敢地乘风破浪。学生处于失意、气馁、苦恼和不思进取的时候,都应该是班主任主动出击,为学生添加动力的时候。作为班主任,往往对学生寄予厚望,希望愈深,对学生的短处就“恨”之愈切。这样难免就会高谈阔论,用大话说教,处处加以批评指责。可是,学生并没有听进去,反而带着很大的抵触情绪,或者当做耳边风,更严重的还可能产生报复情绪。其实,每一位学生都有自己的长处,做班主任的要善于发现并及时鼓励。夸奖和鼓励是对学生的信赖,它能帮助学生克服缺点,注入信心和力量,帮助学生扬长避短,不断地进步和完善。和学生谈话应多一点幽默感。一个班集体中的学生性格各异,有的学生性格内向、不善交谈,遇到困难和挫折就大哭鼻子,或者乱发脾气,这时,班主任千万不要厌烦,不要大声责骂学生,甚至发火,倾盆大雨般地批评学生,使学生如履薄冰,更加自卑。此时,班主任应根据学生的神态和动作,设计几个玩笑,引他破涕为笑,缓和一下气氛,再因势利导地交谈,这样,教育效果可能更好。与学生谈话可带一点自我批评,助以适当的爱抚动作。当班主任跟学生在某件事上关系比较紧张时,做班主任的不能一味地以师长的面孔教育人,而应该把自己放在和学生平等的地位,说说自己应该负哪些责任,哪些地方没有帮助关心到学生,哪些地方对学生的态度不够正确等,这样,学生会自觉查找自己的责任,会学着理解和体谅老师。对学生在交谈中说出的内心秘密,班主任绝对要保密。有的学生做错了事,老师给气昏了头。这时,班主任务必要先弄清事情的原委,千万不要高声叫喊:“请家长来,告诉你父母!”相反,班主任既要帮助学生认识错误,辩明是非,又要为学生保密,不让学生面子扫地,背上思想包袱。班主任与学生谈话时,应引导学生感受美的生活,用积极乐观的态度对待生活。目前校园生活中也会有各种社会现象的折射,他们常常会碰到一些烦心的事情。当学生愿意跟你探讨这些问题时,班主任千万不要教他们避开烦恼,消极处世,而要引导学生正视现实,分析事物,积极地处理矛盾,并帮助学生激起他们热爱生活的情感,去创造更美好的明天。

班主任与学生交流须避免使用以下谈话方式:

(一)挖苦式谈话

相比于初中生,高中生在思维、情感、价值观上都有了很大的发展,希望得到他人尊重、理解和帮助的愿望更加强烈。班主任若随意地对学生进行挖苦,如:“你是不是智商有问题?”“知道狗熊的奶奶是怎么死的吗?是笨死的!”等等,则只能严重地伤害学生的自尊心,极有可能使强烈的自尊心转化为消极的自卑心理与逆反心理,造成学生对班主任的心理防御,恶化师生关系。

(二)比较式谈话

俗话说:人比人,气死人。有的班主任喜欢说:“你看看人家小李,学习成绩那么好,再看看你的成绩,总是拖班级后腿。”这种谈话的目的是为了警醒学生,激励学生积极进取,获得好成绩;然而,这种比较式谈话如果运用得过多、过滥,很容易使效果走向反面。或许有学生会这样反问班主任:他除了学习好,什么都不好,我除了学习不好,哪样都比他强。对于学生的这种“以其人之道,还治其人之身”的做法,不少班主任又往往简单地以“学习成绩才是第一位”的理由封住学生之口。因此取得的效果就不理想。

(三)轻蔑式谈话

不论出现什么样的问题,一般来说,学生总是希望班主任能够重视自己、关心自己。而有的班主任对待一些学生,尤其是后进生,往往采取蔑视的态度,待答不理,使学生产生巨大的心理压力,进而惧怕与班主任交流,这样不利于问题的解决。

## (四)命令式谈话

不少班主任爱班级心切,学生有目共睹,然而就是说话不得法,喜欢运用命令式的口气要求学生必须怎么样,不能怎么样,使得很多轻松、愉快的教育教学要求变成了沉重、苦恼的行政性命令,压抑了学生的积极性,制造了沉闷的班级气氛,给学生的心理造成了很大的压力。

班主任与学生谈话的根本目的是要激励学生的学习热情,除了以上介绍的集中谈话方式,还有以下几种可以用于学生身上的激励办法。

## (一)信任激励

就是在学生产生自卑心理,对学习没有信心时,班主任相信学生存在智能优势。只要这种优势得到发挥,每个学生都能学得好,只要方法得当,就没有跟不上的学生。在每位学生身上,班主任都要看到他们的长处,找出他们行为中的闪光点,哪怕是细微的优点。比如说,问题回答错了,班主任先表扬他不怕错的精神,再对他说:"下次还请你,老师相信你一定能成功。"在下次之前,班主任为他创造成功的条件,那么,相信下次他一定会有进步的。

著名的罗森塔尔效应的实践告诉人们,学生能否持之以恒地学习,与教师的信任程度有密切的关系。当学生站起来不能流利地回答问题的时候,班主任投去一个期待的目光,说一句信任的话语,帮助他成功一次,那么,他在课堂上发言的水平会更高,学习能力会更强。因此班主任在课堂上要多给学生送去一份信任，在每位学生的心底里种下一颗自信的种子，促使他们在课堂上最大限度地发挥积极性和主动性，达到提高课堂教学效率的目的。

（二）尊重激励

心理学家威廉·杰姆士说："在人的所有情绪中，最强烈的莫过于渴望被人重视。"由此可见，学生有强烈的自尊心，他们希望得到教师的重视和尊重。因此，班主任要尊重学生的人格，在课堂中的任何情况下都应该以朋友和共同学习者的身份与学生相处，用真情实意尊重学生，创设一个融洽、和睦、协调的课堂气氛，让学生在轻松愉快的情境中获得知识，提高能力，陶冶情操。学生知识的不足，阅历的肤浅常常导致他们行为的盲目，产生出格的表现。对此，班主任不要只想到维护自己的尊严，对学生批评训斥，造成课堂气氛紧张而降低教学效率。实验表明，年级越高、年龄越大的学生，受到批评训斥后，学习效果就越差，甚至产生逆反心理。有经验、有成就的教师在课堂上始终表现出对学生的尊重，让学生回答问题时总是说"这个问题请你回答"。回答结束后，再说一声请坐下。一个"请"字，就能请出学生的积极性，为课堂教学请出效率来。

（三）帮助激励

就是学生在课堂学习过程中遇到困难，缺乏勇气，找不到良策时，班主任既要帮助他们树立信心，又要帮助他们找到克服困难的途径，创设克服困难的条件，掌握学习方法，逾越学习障碍，完成学习任务，增加他们在课堂上的获得量。学生在课堂上出现迷惑状况、遇到困难、思维阻塞是正常现象，班主任在学生出现这些现象时，不及时地予以帮助，那学生的困难就会越来越大，欠的“债”就会越来越多，形成恶性循环。

(四)赏识激励

人需要赏识，作为课堂主体的学生更不例外。他们常常把班主任的赏识看成是对自己的评价。当他们得到赏识时，就觉得自己有进步，能学好，有发展前途，以为自己在班主任心目中是好学生，因而产生自身增值感，增强学习的内部动力。诺贝尔化学奖获得者瓦拉赫，在被多数教师判为不可造就之才以后，另一位教师从他的笨拙之中找到了他的办事认真谨慎的性格特征并予以赞赏，让瓦拉赫学化学，终于使他成了前程远大的高才生，获得了诺贝尔化学奖。这就是瓦拉赫效应，它启示班主任要在学生的课堂行为表现中发现可以肯定的东西，对学生的答案或方法，正确的加以赞赏；错误的也可以从思维方式、答题方式或态度上加以肯定。至于答错的内容，班主任可以用多种手段让其自己认识并纠正，只要纠正对了就要赞赏，让他看到自己的成绩，以利再学。学生答题正确了，班主任可用“很好”、“居然和我的看法一样”、“你的答案比我的更好”等语言予以赞赏。

## 三、巧妙处理学生间的矛盾

现在学生中独生子女越来越多，随之而来的问题也越来越多：独生子女自私，做事喜欢“以自我为中心，以个人利益为半径画一个圆”，不关心他人，不懂得体贴父母，不善与他人合作，做错事不愿承担责任等等。概括起来，就是不懂得为人处事。

这些不良的习性,是因为在家中他们是家长心中的“宝贝”,做什么事大人都迁就,久而久之养成了这种性格。然而到了学校,和其他同学相处在一起,没有了别人的迁就,自己也不懂得迁就别人,矛盾自然就发生了。有时因为一些鸡毛蒜皮的事,就可能大打出手。更有甚者,在课堂上顶撞老师,与老师发生矛盾。

现代社会分工越来越细,需要人与人之间密切合作才能完成一项工作,而一个人若不懂得如何与他人合作,与别人相处,就无法在社会上立足。

作为班主任,如何帮助学生处理这些矛盾,使之学会为人处事,显得尤为紧迫。

学生在学校经常面临两个矛盾:一是同学之间的矛盾,二是学生与老师之间的矛盾。班主任要重视这两种矛盾,帮助学生妥善处理。

同学之间发生矛盾是很正常的事,怎么处理矛盾,好多同学却很困惑。因为他们还处于成长阶段,对如何处理同学之间的矛盾还缺乏理性的认识。矛盾发生后,同学们很容易感情用事,使起初的小摩擦发展成对立,从而使矛盾双方的心理遭受很大的压力。这就需要班主任从中调解,用成年人理性的思维分析双方的行为,使之认识事情的本质,妥善解决学生之间的矛盾。

班主任在了解学生产生矛盾的原因时,并不一定能了解到事情的真相,因为矛盾双方会各执一词,互相指责对方的错误,以掩饰自己的过失(这是学生头脑中潜在的自我保护意识)。如果向其他同学调查,就有些劳师动众,效果并不理想。有一位班主任的做法是顺其自然,让双方互相指责,甚至辩论、争吵,待双方发泄完对对方的不满后,心情平静下来时,班主任对事情的真相也就一清二楚了，然后再从中分析双方的对与错，有了针对性，矛盾就自然解决了。

由此可见，帮助学生处理日常生活中的矛盾，是班主任教学中的一件大事，需要班主任对此加以重视，为学生健康发展打下良好的基础。

**教育案例**

一天在课间休息的时候，王老师班的小孙与另一个班的小郭在厕所内发生了争吵，最后大打出手，正好被王老师发现。王老师没有像其他老师那样把他俩叫到办公室狠批一顿，而是把他们带到会议室，让他们坐在会议桌的两边，王老师坐在中间。他们意识到老师对自己的尊重，都低着头不说话。王老师知道，两名同学都会认为自己做的正确，肯定要指责对方的错误，所以，王老师没有问打架的原因，而是问他俩从什么时候认识的（两人不在同一个村），何时开始对对方有意见，现在有什么不满，希望都发泄出来。

就这样，两人把积压在心里的话都说了出来，有时两人争得面红耳赤，还拍桌子。在他俩互相指责、发泄不满的过程中，王老师了解到事情的真相：他们从小学三年级就有了矛盾，后来矛盾越来越深，直到现在，就有些“仇”了。

他俩发泄完后，陷入了沉默，情绪也平稳下来。王老师趁此机会，让他们说一说自己对他们之间的关系有何看法，以后要向何处发展。他们没有想到王老师会有此一问，都怔住了，不知如何回答。然后王老师为他们深入分析了他们之间发生的一切，告诉他们矛盾发展下去的危害，这让他们认识到，矛盾的产生，双方都有责任。后来两人不由自主地说出了自己错在哪里。其实认识到了自己的过失，矛盾其实也就解决了。

## 四、赞美学生的技巧

班主任工作时间长了，容易形成一个思维定势——和同学谈话，不自觉地总以教育者的身份，居高临下，或者批评，或者教育，或者指点人生迷津，或者指出缺点和失误。这样的做法，班主任们习以为常，感觉只有这样，自己才是尽到了职责。可是，往往事与愿违，学生并不领情，并且产生逆反心理，拒绝老师的说教，走到事物的反面。所以作为班主任，一定要注意反思自己的言行，调整好自己的心态，转变自己的观念，成为学生的真正朋友，引领学生走向成熟，走向完善，走向人生的最高境界。



### （一）学会倾听

倾听是班主任实施有效教育的基础和前提。心理学研究表明，人在内心深处，都有一种渴望别人尊重的愿望。作为班主任，要对学生进行有效的教育，就必须尊重学生，倾听学生的呼声，了解学生的疾苦，知道他们在想什么、做什么，有什么高兴的事，有什么忧愁的事，他们学习中有什么成功的地方，有什么困惑，是方法的问题还是心理的问题，是习惯问题还是基础问题。班主任对这些问题有了清醒的认识，就可以对症下药，有的放矢。所以在了解学生时候，班主任就要放下老师的架子，平易近人,和蔼可亲,增加老师的亲和力,使学生其亲其师,信其道,学会倾听。可是许多班主任,不愿意听学生的意见和建议,不愿意听学生的唠叨,总认为自己高人一等,比学生高明,没有必要倾听学生的诉说。其实班主任只有学会了倾听,才能够深入了解学生的内心世界,学生们才能感受到班主任对他们的尊重和关怀,他们才愿意把自己的想法、愿望、要求、困惑告诉你,求得班主任的关怀和尊重,求得班主任的宽容和理解,求得班主任的帮助和解释。这个时候所进行的交流,就是心与心的交流,就是灵魂和灵魂的激荡。所以,倾听是实施有效教育的前提。

(二)学会欣赏

欣赏是有效实施教育的态度,是有效教育的重要途径之一。在学会倾听的基础上,欣赏学生,不仅包含了对学生的理解和宽容,更重要的是把学生当做正常的人;不仅欣赏优秀学生的优秀品质,而且,要学会欣赏学生的缺点和失误。有句格言:“世界上没有垃圾,只有放错了地方的资源。”在教学中可以把这句名言改动一下,“人没有不良品质,只有用错了地方的性格”。

班主任在实际工作中,对优秀学生欣赏,几乎每个老师都能做到,但是对后进生的欣赏,就几乎没有人认同了。

作为一个班主任,要对所有学生实施有效的教育,就必须与问题生进行有效的沟通。可能问题生毛病多,在他们身上不容易找不到可以欣赏的东西。但是如果不能从内心深处尊重学生,欣赏学生,就不能唤起学生对美好人性的热爱,就不能唤起学生对老师教育的认同。所以班主任就要在倾听的基础上,欣赏学生,赞美学生。在具体的工作中,注意了赞美学生,就会到良好的效果。

例如:有一个叫小明的学生,由于自由散漫,没有形成良好的学习习惯,经常上课开小差、不记笔记等等,导致学习成绩不理想。在多次的交谈中,班主任了解到小明是一名非常聪颖的学生,习惯差是因为自幼父母离异无人管教导致,但他并不是听不进去道理的孩子,只需有人经常提醒和鞭策,而这个人就是班主任。所以班主任就经常赞美他思想性强,赞美他知识丰富,兴趣广泛,视野开阔。在老师和学生的赞美中,他找回自信,找回做人的尊严。从高一到高三他改变很多,逐步成为了一个品学兼优的好学生。

### (三)学会赞美

赞美是欣赏的结果,是欣赏学生的自然流露,是对倾听和欣赏的巩固。和表扬不同,它不是当着学生的面的表扬,而是在学生背后的赞美。这是融洽人际关系的法宝。实践和试验表明,两个互相仇视的人,如果在背后听到敌人在赞美自己,仇恨马上就会烟消云散了,所有的恩恩怨怨在眨眼之间就归于乌有了。班主任的倾听是不是假的,班主任的欣赏是不是做出来的,只有当学生听别的同学说出来的时候,才会从内心深处认同,才会对班主任的教育感激,对班主任的教育感恩,才会肯定班主任的诚意,才会不自觉地在班主任的期望方向上,迈出步子。

作为班主任,一定要懂得充分利用教育资源,在其他学生面前中肯的指出自己试图教育的学生的优秀品质,赞美他的行为和思想,让他知道自己对他的关注,叫他知道自己对他的关怀,是发自内心的对人的尊重。

总之，做好班主任工作，一定要根据学生的特点，在关心、关怀的基础上，倾听学生的心声，真诚地欣赏学生的长处，赞美学生的优秀品质，就一定能够带领学生完善人格，走向人生的新境界。

高二(一)班的小涛同学是一个个性极强的孩子，强调自我，以自我为中心，不愿参加集体活动，逆反心理强。在一次偶然的同学谈话中，班主任当着小涛一个很好的朋友的面夸小涛的书桌摆放很有条理，整齐卫生。那个同学把班主任老师说的话传到他的耳朵，从那以后，班主任观察小涛不但自己的卫生搞好了，而且值日也认真多了，简短的一句话就使他改变了很多。此后，班主任反思作为班主任如果能经常地发现问题学生的闪光点，并能在适合的场合给以表扬，教育工作就能达到事半功倍的效果。



## 五、批评学生的艺术

在班级管理中，班主任对学生的教育应以表扬为主，这是毫无疑问的。但这绝不意味着不能对犯错误的学生进行批评，事实上批评同表扬一样，都是班主任教育学生的一种手段，批评和表扬结伴同行，相融而生。关键的是班主任使用批语手段时要用得恰到好处，具有高超艺术，以达到教育和帮助学生的目的。班主任批评学生时，至少要注意到以下几点：

### (一)批评的对象应指向学生的行为,而不是学生本身

学生的行为是作为主体的学生作用于客观环境的具体表现。由于行为的不同,表现在行为的结果上也就会有成功与失败,正确与错误之分。班主任批评学生的目的就是为了帮助其作出某行为的主体——学生提高认识,端正态度,纠正偏离班集体目标的行为。所以,班主任在批评学生时,应该指出的是学生的行为本身有何错误,对社会、学校以及班集体的危害或不良影响是什么,而不应该对作出该行为的主体(学生)进行人身攻击、人格侮辱等。只有当学生把班主任的批评看作是对自己不良行为的反应时,他改正错误的态度和决心才有可能是坚决的。

### (二)热爱学生是批评取得良好效果的保证

班主任对学生的爱影响教育的效果。班主任在平时热爱学生,使师生关系融洽,在师生之间就架起了一座信任、友谊的桥梁,学生就容易接受班主任的教育。一旦学生犯了错误,班主任的批评就容易从这座桥梁输送到学生的心坎上,使学生乐意接受,从而使批评产生较好效果。人们常说,平时班主任都热爱学生,师生关系融洽,班主任批评学生,学生认为这是爱护。如果师生关系紧张,批评在学生看来就是整人。班主任若要在批评学生时得到学生积极配合,取得良好的批评效果,就必须做到在任何时候热爱学生,处理好师生关系,加强情感沟通。

在批评学生的过程中,热爱学生的一个重要表现或者说是要求,就是要尊重学生。班主任应明白自己和学生在人格上是完全平等的,批评学生采取讽刺挖苦、辱骂训斥、体罚学生等侮

辱人格的做法必须避免。苏霍姆林斯基说:“一个好的教师,就是在他责备学生,表现对学生的不满,发泄自己的愤怒的时候,他也时刻记着:不能让儿童那种‘成为一个好人’的愿望的火花熄灭。”“充满情和爱”,每个班主任都应记住这一点,在批评学生时应尊重学生,保护学生那颗追求进步的自尊心,这样就不会使学生产生“破罐子破摔”心理,从而使学生产生改正错误、追求上进的强烈愿望。

### (三)说理应贯穿于批评的全过程

班主任在决定是否批评学生以前要查明原因。部分班主任脾气急躁,一看到学生的不良行为或是听到其他学生告状就不分青红皂白地开始批评学生,这种做法是不可取的。遇到这样的情况,班主任应该按捺住心中的不快,耐心地核实情况,冷静地分析原因,然后再来决定怎样处理,是否批评,如何批评学生。

在批评学生的时候,班主任应该坚持说理与批评相结合,通过说理让学生意识到“可能会产生不良后果”,通过说理向学生指出“今后奋斗的目标和努力的方向”。研究也发现,批评与讲道理相结合,比单纯使用批评的效果要好。班主任在批评学生时通过摆事实、讲道理,有时轻微的批评就能达到良好的预期效果。



### (四)批评的方式要有针对性

批评学生是一个完整的行为过程,这一过程反映出来的关系是:学生的不良行为——班主任对学生的批评——学生的新行为(接受批评后产生的新变化)。它表明批评是班主任和学生两者之间相互作用的过程，是表现学生从不良行为向新行为转变的中介环节；因此，班主任要达到学生产生新行为的目的，就必须考虑学生的具体情况，诸如学生的气质、性格、家庭背景等，进而采取相应的批评方式。举例来讲，针对多血质的学生，班主任运用高亢的语调和采取尖锐严厉的批评，可能会使学生受到震动，重视自己的缺点，从而改正自己的缺点。但是这种方式却不宜用在抑郁质的学生身上，那样可能会使学生感到恐惧，丧失自信心，更加萎靡不振。

批评学生不仅要考虑学生的特点，还要考虑到学生所犯错误的情况。比如，对于所犯错误严重而影响范围较大的学生，班主任就宜在班上进行公开的处理。在进行公开处理时要事先做好该生的思想工作，以免突然宣布处理决定，使学生一时接受不了而做出不可预料的行为。

教育案例

班里曾转入一位同学叫小强，在其他同学心目中，他是个上课不专心，学习不思进取，不用功，成绩很差的后进生。但是在课余时间里他特别爱玩泥巴（有时甚至花着脸进教室），他用泥巴捏的小泥人还挺像。也许是破罐子破摔，也许是“本性难移”，他根本不在乎同学们对他的评价，照样捏他的泥巴，学习成绩不见好转。于是，班主任和他单独谈了一次话。“你是个心灵手巧的孩子，你捏出的泥人栩栩如生，真不简单，老师希望能得到一件你认为满意的作品，好吗？”也许听到老师真诚的肯定，他通红着脸不好意思地低下头。“当然，如果你能将你的聪明才智用到学习上去，我相信你一定能成为一个品学兼优的好学生！”也许第一次得到老师的表扬，他竟然哭了起来。从此，他在班主任老师的耐心教育和帮助下一改往日的面貌，上课认真了，作业仔细了，如同换了一个人。一个学期下来，他的学习进步很大，他捏的小泥人还作为工艺品参加了校艺术节展览。可见，只有对后进生倾注满腔的热情，不带任何偏见，才能看到他们身上的闪光点。正如苏霍姆林斯基所说：“要让每一个学生都抬起头来走路。”

### 教育案例

“全国师德标兵”之一的黄老师，她26年如一日，事事处处以“假如是我的孩子”来看待自己的学生，用真诚的感情去爱学生，精心塑造他们的心灵，被誉为“用心编织师爱花篮的人”。

黄老师班里有个学生叫小俞，父母离异后，由于失去了家庭的温暖，缺乏正常的家庭教育，他染上了抽烟、偷窃等不良习气。黄老师了解到这些情况后并没有批评小俞，而是更加关心小俞的日常生活了。但是有一天，小俞留下一张字条跑了，纸条上写着：“黄老师，谢谢您对我的关心，但是我不想读书了，不要找我。”黄老师看罢纸条，焦急万分，蹬上自行车四处寻找。当她拖着疲惫的身子回到学校，就像丢了自己的孩子似的失魂落魄。正是黄老师平时付出的爱，感染了孩子，在外滩游荡了一天的小俞猛然想到：老师找不到我要着急的，她会不吃饭、不睡觉的……傍晚6点多钟,小俞回来了,手里拿着一份检讨,站到了黄老师的面前。黄老师再也抑制不住自己的感情,一把将他搂在怀里。孩子似乎理解老师的心,流着眼泪说:“老师,我会改正的,我会变好的。”

情感只能靠感情去熏陶,情操只能靠情操去陶冶。学生得到老师的爱,才会把这种爱迁移到对老师、对同学的爱。试想,假如黄老师对学生不是这样宽容,富有爱心,假如流浪了一天的孩子,想到的不是爱他的老师会着急、会不吃饭、会不睡觉,而是想到老师会训斥、会罚站、会赶他回家……其结局又会怎样呢?

# 第二编

## 创建良好成长环境

要在每一个学生的心目中树立牢固的集体观念，要让我们的学生明确：我们都是一家人，每一个人都是这个大家庭的一员，自己的每一次成功或失败，不只是代表着个人，也代表着这个大家庭；同样，集体的好与坏，也都是个人好坏的一部分。“我们班”这三个字应该是班级成员经常说的，而且说的时候是骄傲自豪的。

没有目标，哪来的劲头？

——车尔尼雪夫斯基

# 为班级确立一个目标



任何一个班主任都希望能带领全班同学把自己的班级建设成为优秀的班集体，并通过班集体建设，促进学生个体目标的实现。一个学生将来要成为什么样的人，是由其所追求的目标决定的。个体目标如此，集体目标也不例外。班集体的形成和巩固是以共同的目标为前提的，正确的目标是维系师生为之奋斗的共同纽带，是班集体前进的动力。

## 一、确立班级奋斗目标

班级奋斗目标可分长期、中期、近期三个阶段来考虑。

长期目标可以理解为三个学年的奋斗方向。班级的长期目标应该是培养德、智、体全面发展的社会主义事业的建设者和接班人，使学生了解和初步掌握马克思主义的基本观点，热爱伟大的社会主义祖国，拥护党在社会主义初级阶段的基本路线，树立为祖国富强、民族兴旺而学习的志向，养成勤劳、简朴、文明、礼貌、遵纪守法、保护环境的道德习惯，形成诚实、守信、自尊、自强、坚毅、勇敢的个性品质。

中期目标可以理解为一个学年的奋斗方向。在政治思想方面：培养学生热爱党、热爱社会主义、热爱伟大祖国的思想感情，正确处理个人前途与社会需要的关系，树立为集体、为民族做贡献的献身精神。道德行为方面：具有国家、集体、个人三者利益相结合，先国家、集体，后个人的集体主义精神；养成艰苦奋斗、遵纪守法，良好的行为习惯、较好的生活自理能力；遵守社会公德，对不良影响具有一定的辨别抵制能力，养成不怕困难、不怕挫折勇于创新的优良品格。智力培养方面：具有正确的学习态度、科学的学习方法、良好的学习习惯，形成求实、探索、团结、进取的学风，成为智能型的人才。



近期目标可以理解为每阶段教育所要达到的目的。应体现在每次精心设计的教育活动之中。开展活动的目的是为了培养学生的集体主义精神和助人为乐、热爱劳动的优良品质以及一定的组织能力和实际操作能力等等。

长期目标是组建班集体的最终目标，组建班集体的全部工作都是为了使全班学生朝着这个方向去努力去奋斗。但是这是一个渐进的过程，组建班集体工作的重点，应放在中期，尤其是近期目标的设置与实现上。

## 二、确立班级奋斗目标的原则

班级奋斗目标是班集体建设的发展规划，它应遵循方向性、激励性、中心性、渐进性和可行性五个原则。

方向性。目标犹如航标，指引着航船沿着正确的方向到达彼岸。班级奋斗目标是全班师生共同努力的方向，是全班统一认识和行动的纲领。它应该是国家培养人才的目标和学校教育目标在班集体建设中的正确反映。

激励性。班级奋斗目标是激励学生为之奋斗的动员令，它在书面表达上应该鲜明具体、生动感人、催人奋进。班主任要不断地根据班集体建设的新发展予以充实，不断展现出新的前景，以吸引班级的所有成员，激发他们的责任心、荣誉感，鼓舞大家为达到预定目标而努力，使班级始终朝气蓬勃，不断前进。

中心性。班级奋斗目标是全班师生为之努力的方向，也是班级工作的出发点和归宿。因此，班级的一切工作都要以它为中心，使学生们感到目标不是空的，而是与日常的学习、工作、活动密切联系的。同时，班主任还要经常用它来检查督促班级的各项工作，使之真正成为推动班集体建设不断前进的巨大动力。

渐进性。近期目标是依据中、长期目标而设计的，中长期目标又是通过近期目标的不断达成而逐渐实现的。实现奋斗目标不能操之过急，要注意它的渐进性，即一个近期目标实现之后，经过认真总结，及时根据中、长期目标提出新的近期目标，使之成为一个前后衔接、循序渐进、不断提高、不断深化的过程。

可行性。班主任确立班级奋斗目标必须符合学生的生理、心理发展特点，思想觉悟、生活经验及班集体发展水平等实际状况。只有适合学生需要、兴趣和愿望的目标，它才会有广泛的群众基础，才会有实现的可能性；否则就难以被全班学生，至少是大多数学生所认同，因而也就难以调动学生实现目标的主动性和积极性。

## 三、确立班级奋斗目标的方法

确立班级奋斗目标的方法多种多样。一般说来有以下两种：

1. 师生共商法。对一个发展状况良好的班级，一般宜采用这种方法。其一它可以集思广益，使目标的确立更切合于实际，增强可行性；其二它可以满足学生的情感需要，增强激励性；其三它可以促进学生和班主任沟通情感，集思广益，增强师生之间的合作，形成很强的凝聚力；其四共商的过程就是学生自我教育的过程，从中可以培养学生自我调整、自我教育的能力。

2. 班主任定夺法。这种方法是班主任作出决断，向班级提出要求以作为班级为之奋斗的目标。这种方法有很大的局限性，突出地表现在不利于调动班级成员的主动性和积极性。这种方法只能在班级初建时或在乱、差班中才能使用。即使如此，班主任作出决断时，也必须深入学生中去进行细致的调查研究，尽可能地了解并吸收学生的愿望和要求；在目标提出以后还要作反复的讲解、动员，使目标逐步转化为学生的自觉努力方向。

至于班级奋斗目标的付诸实施，还要有大量的工作要做：首先是要在求得全班学生认同的基础上，通过各种形式与任课教师、学校领导以及团委、学生会取得联系，以求得到他们的密切配合和指导；同时还要取得家长的支持和帮助；其次班主任要制定实施计划，建立规章制度，以保证奋斗目标的实施；再次班主任要培养骨干，树立榜样、注意以典型引路；最后班主任还要不断地检查督促，及时总结经验，提出改进措施，保证班级奋斗目标得以圆满实现。

**案例教育**

初一(2)班班主任刘老师，在班上开展了“在156个台阶上”的活动。他让全班同学畅想经过初中三年共156个星期以后，本班将是一个什么样的情景，自己将是一个什么样的人。经过近一个月的想象、论证，大家都认为到那时候是这样的情况：

1. 在学校“教育为本，学习为主，全面发展，学有特长”的教育思想指导下，学会做人、学会求知、学会生活、学会健体、学会创造，做一个爱祖国、爱家乡、爱学校、爱父母、爱老师、爱班级的人。

2. 全班同学都能认真刻苦学习文化科学知识，人人升级，人人毕业，人人达到高一级学校要求的水平或具有从事职业活动的一技之长。

3. 全班同学都达到体育锻炼标准，人人都能掌握一种运动的方法和规则，人人爱清洁、人人讲卫生，尤其是要重视用眼卫生，没有新的近视发病者。

4. 自尊自重，互敬互爱，人人在班内有受人尊重的地位，也有尊重他人的义务，人人在班级里都感到温暖和愉快。

5. 人人都以实际行动为班级增光添彩，成为全校执行《中学生守则》、《中学生日常行为规范》最好的班级之一。

6. 人人都有自己的兴趣和爱好，人人有自己喜爱的学科，人人有自己喜爱的劳动，人人都会两种小制作，人人都讲普通话写规范字，人人都学会三种自我服务的技能，人人都能掌握文明礼仪并身体力行。

7. 在班主任和团队组织的指导下，集体的事由集体讨论决定，班委会、团、队的事，都由自己管理，活动由自己开展。

8. 半年内达到学校良好班集体水平，一年内达到区级优秀班集体水平，三年内达到市级优秀集体水平。

9. 人人都有为集体、为他人服务的岗位，坚持为班级、为学校、为他人、为社会做好事。

10. 少先队员心里飘着“队旗、团旗、党旗”，都加入了共青团，毕业时三分之一的人都成为了优秀共青团员。

不能用人的长处，便是自己的短处。

——陶行知

# 选拔和培养学生干部



要使班级的整体目标、工作计划，得到全班同学的拥护和参与，使学生成为组建班集体的主人，班主任就要正确选拔、培养和使用学生积极分子，建设一支能独立工作的班级干部队伍。学生干部既是受教育的客体，又是自我教育、自我管理、自我服务的主体。在班级工作中，通过他们组织同学、引导同学，发挥出纽带和桥梁作用，学生干部是推动班级各项工作的一支重要力量。

## 一、选拔学生干部

### (一)明确学生干部的标准

1. 思想品质好,热爱祖国、热爱党、热爱社会主义、热爱集体,在广大同学中具有一定的感召力和凝聚力。

2. 对人生、前途充满希望,有一定的组织能力和管理能力,热心为同学服务,有能力为同学服务。

3. 遵纪守法,诚实正派,团结同学,是非观念强,心理素质良好,有忍让精神和吃苦耐劳的意志品质。

4. 有较好的身体素质和智力素质,能正确处理好工作和学习的关系,不致因担任学生干部而影响学习。

### (二)选拔学生干部的方法

1. 对班级干部,尤其是对班级主要干部的选拔,班主任一定要慎重,绝对不可草率从事。面对进入新集体中学的全体同学,班主任不可根据学生在原来集体的任职情况,草率提名选出新的班委成员,以免一旦发现不适合时再予以撤换,会造成对其心理上的严重伤害。起初,班主任可以指定几个同学临时承担一些班级工作,通过一个月左右时间的实践过程,让全班同学对他们有所了解以后,再通过民主的方式和程序,正式选举产生班级干部。

2. 为了使更多的同学有锻炼的机会,宜实行"短期改选制"或"轮流执政制",但由于学生认识问题角度、考虑问题的方法不尽一致,可能导致某些环节的疏漏。防止和纠正的办法是:在注意发挥学生主体作用的同时,千万不要忘了班主任的主导作用。

## 二、培养和使用学生干部

第一,摸清学生的思想脉搏。对那些可以培养成干部的“苗子”,通过谈心、家访,了解他们的内心活动,从中加以分析、引导,纠正可能产生的那种“当干部不合算”、“吃力不讨好”的消极情绪,使他们懂得今天当好干部对将来参加社会主义现代化建设有着重要意义,以及当好干部不仅是学校对自己的要求,也是全班同学对自己的委托和信任,以培养其愿意为大家服务的“干部意识”。

第二,在集体活动中培养学生当干部的热情。集体活动是培养干部的重要途径。无论是主题班会、节日庆祝会、各种文娱、体育、春游、社会调查等都是学生展现其才干的舞台,在这些活动中,让学生自己去组织、去设计,让他们在“台前”亮相,班主任在“台后”指导,这样,学生在展现自己才华的过程中,就会不断增强自己当干部的积极性和为集体服务的热情。

第三,在班级干部上任以后,班主任要帮助他们处理好学习与工作的关系。班主任要教育他们做抓紧时间的“有心人”,使他们既善于工作,又善于学习。对一些学习上确实存在有困难的干部,班主任要发挥本班任课教师的作用,对其进行个别辅导,使他们逐步闯过学习上的难关,坚定当干部的信心。

第四,要特别重视保护班级干部的积极性。对他们为班级工作所做的有益工作要及时给予充分肯定，对偶尔出现的问题和错误，班主任要主动出面予以解决并为其承担责任。这样，班级干部就不会因为工作中遇到了困难和挫折而打退堂鼓。

总之，对学生干部既要教给任务，又要教给方法；既要大胆放手，又要小心扶植；既要热情鼓励，又要严格要求；既要在培养中使用，又要在使用中培养。

下面是班主任刘老师在培养和选拔学生干部时的做法：

## 一、细心“选苗”

一般情况下，新班主任每接手一个新班，第一件工作就是物色班干部。传统的“选苗”办法是一看评语鉴定，二看学习成绩，三看是否听话。这样挑选出来的学生往往高分低能，工作缺乏创造性，不能很好适应班级工作的需要，也不可能适应未来社会的需要。刘老师在“选苗”时，直接与新生广泛接触，听其言，观其行，注意挑选热情胆大，乐于助人的学生，根据他们的特长，安排他们负责相应的工作。如上届学生干部小陈，他最初给刘老师的印象就是热情细心，关心他人，是生活委员的理想人选。实践证明，这个学生选得好。高中三年，由于他卓有成效的工作，解除了同学们学习上的后顾之忧，当之无愧地被评为“全国优秀学生干部”。

## 二、关心学习

有的学生不愿当干部，主要是担心当干部影响学习，影响升学。作为班主任，应当引导他们做到工作、学习两不误，知识、能力双丰收。事实上，班干部如果学习不好，既无心工作也难以开展工作。所以刘老师平时注意指导他们正确处理工作和学习的关系，尽量减轻学生干部的负担，有关工作直接找班干部利用课前饭后的时间去完成，很少开全体班干会，基本上没有占用干部同学的学习时间。几年来，刘老师所带班级的班干部们的学习成绩都是不错的。

## 三、教给方法

学生干部的工作能力不是天生的，这需要班主任的耐心培养。开学的时候，班长不知如何主持班会，团支书不知怎样过好组织生活，刘老师就教给他们一些基本方法，并给他们做示范，直到他们能独立工作。有的班干部没有经验，工作中难免出现差错，有时甚至给班级荣誉造成很大损失。例如，有一次卫生委员忘记了安排值日，结果在学校检查时刘老师的班级挨了批评，同学责怪，他本人也很难过。在这种情况下，刘老师不是批评他，而是与他一道分析造成失误的原因，并给他出点子重新修订了值日制度，改值日为值周，由每天安排改为一周一排，既减轻卫生委员的负担，值日一周的学生也不容易忘记。班干部同学见刘老师处处为他们着想，这么关心支持他们的工作，他们都消除了顾虑，大胆地工作。

## 四、放手使用

班干部能独立工作了，刘老师就由指挥变为顾问，很多常规性的活动放手让班干部们去搞。如让班干部组织周末晚会、演讲比赛、参观旅游等。去年到西山、赤壁等地春游，整个活动的组织安排都是班干部们搞的，同学们玩得高兴，刘老师也游得轻松。与此同时，班干部同学也在这些实践中经受了锻炼，提高了能力。

## 五、用其所长

学生干部不可能十全十美，这就要求班主任不仅要善于发现人才，而且还要善于扬长避短，做到人尽其才。高一时刘老师物色了一个团支部书记，他热情高，胆子大，一些大型集体活动他都能组织好、指挥好。但作为团支部书记，他很不善于做同学们的思想工作，常常和同学们争吵，在一些生活小问题上又不注意严格要求自己，因此他在学生中逐步失去了信任，已经不适宜当团干部了。刘老师想：他爱体育活动，体育成绩也不错，当体育委员倒还合适。刘老师把想法跟他本人一谈，他便很高兴地答应了。他主动组织“三操”及各种球赛，带领同学们进行体育达标训练、队列训练，参加校运动会等，很快开创了班里体育活动的新局面，充分显示了他非同一般的组织指挥才能，使兄弟班的班主任羡慕不已。刘老师还让能写会画的团支部组织委员改任宣传委员，使班级的宣传工作也大有起色。

## 六、实行轮换

让学生轮流当干部，有许多好处：一是在学生阶段就培养他们能上能下的品质，有利于破除干部终身制和各种特权思想；二是让更多的学生参加管理班集体的工作，有利于培养他们的工作能力和组织能力，有利于多出人才、快出人才；三是干部轮换后，同样的工作不同的效果，大家心目中谁的质量高、谁的能力强也就一清二楚了。这就能促使干部同学尽力搞好工作，有利于提高工作质量，有利于选拔人才。

近朱者赤，近墨者黑；声和则响清，形正则影直。

——佚名

# 建成一个理想的学习环境



班主任难当，接手新班的班主任更难当，这是很多班主任共同的感受。学生们的感情是丰富的，老班主任走了，他们舍不得，忘不了，就会和新班主任作比较。如果学生觉得新班主任不好，那班级工作就难以展开。在接手一个新班之前，班主任要动一番心思，根据自己以前的一些经验，准备好新官上任的三把火。争取在短时间的磨合后，与学生们融成一片，既是师生，也是朋友。

当然，优良的班风是班主任教师辛勤劳动的成功回报，是智慧的结晶，它具有自我教育功能，有其不可替代的价值，在实现教育目的、教育目标的过程中，在保证良好的教育教学效率方面，起着十分重要的作用。

在1999年6月召开的“全面进行素质教育”的全国教育工作会议上有关专家就明确了现今教育工作的任务：以提高民族素质和创新能力为教育工作的重点，深化教育体制和结构改革，全面推进素质教育，振兴教育事业，实施科教兴国战略，为实现社会主义现代化建设宏伟目标而奋斗。

当今世界综合国力的竞争越来越表现为经济实力，国防实力和民族凝聚力的竞争。无论哪一方面实力的增强，教育都起着基础性的作用。作为班主任，主要是以班级教育为己任。班级是学校教育工作的基本单位，学校一切活动是以班级为单位进行的。学校办学成功与否也是与班级建设、班风的培养有着密切联系的。班级工作千头万绪，抓好班级的建设，班风的培养，是搞好班级管理的一项重要、必不可少的基础工作。要成为一个合格的班主任，把班风学风搞好，一定要做到以下几点：

## 一、树立集体观念

一个良好班集体，一定要具有凝聚力、吸引力，一定要让学生形成一个良好的习惯，要在每一个学生的心目中树立牢固的集体观念。班主任要让学生明确：我们都是一家人，每一个人都是这个大家庭的一员，自己的每一次成功或失败，不只是代表着个人，也代表着这个大家庭；同样，集体的好与坏，也都是个人好坏的一部分。“我们班”这三个字应该是班级成员经常说的，而且说的时候是骄傲自豪的。

### （一）我为班级做件事

为了不断地强化集体观念，班主任可以在自己的班中开展

"我为班级做件事"活动。这件事可大可小，根据个人情况来定，像上课爱说闲话的同学，不说闲话便是为改变班级纪律做了一件事；担任班干部的同学，尽心尽责做好分内的工作，便是为改善班级管理做了一件事；做好值日卫生可以是一件事，帮助同学也可以是一件事……这样做的结果，学生个人状态的改变和集体风尚的完善就连接了起来。

### （二）我们班是最棒的

除此以外，参加以班为单位的学校大型活动，比如，学校开展的跳绳比赛、文化节活动，运球比赛等。这样的活动每个班主任都要很认真的对待，因为学生可以在这样的活动中认识到自己班级的价值，从而形成对这个班集体的基本态度。每个学生在受到学校表扬时，态度都会变得积极向上。自己的班级在他们心目中是至高无上的，他们会为了维护这样的班级而努力。

## 二、抓好班级小事情

班级的建设和班风的形成应从小事和细节问题抓起，不能放过任何细小的地方，也不能忽视任何一个细微的错误。

良好班风的形成和班集体的培养，要从头开始。行为规范的培养，对不良行为和现象，从一开始就要认真对待，不能放松，也不能放任自流，否则将积重难返，发展成为大问题。形成不良习惯，再抓就困难了。

许多高中生的世界观、人生观都是在老师的引导下形成的，因此，班主任的日常教育、帮助和引导是非常重要的。班主任的严格要求，及时教育，加上以理服人，使学生有分辨美丑真假的能力，又培养了为集体着想的思想和行为。言传身教，身体力行也是培养好班风的另一方面。班主任作为一个班级的领导者、引路人，也应从小事开始对自己严格要求，时时以榜样身份出现，以“情”，“行”来打动学生，这样的潜移默化会对学生产生巨大的影响。

教育学生从开始抓起，从每件事抓起。作为班主任也必须深入到学生中去，了解他们的想法，及时和他们沟通，事情心中有数，处理问题才能有的放矢，这样学生才能口服心服。

老师是一面镜子，是学生崇拜和模仿的对像，常听人说什么样的老师带出什么样的学生，正因为学生对老师这样的崇拜，所以班主任老师就更要不断地加强自身的素质和修养，提高自身的品德。



### 三、班风，贵在自律

班级管理的一大方向就是如何培养自觉自律，如何充分发挥学生的主观能动性，提高其自我控制、自我管理的能力。在这方面，不少班主任做了各种尝试，都取得了一定的成绩，现将一些尝试性的做法介绍如下：

关于自律小组的成员组成问题，不可只局限于班长、团支书或其他班委，这样容易使学生认为不外乎又给班干部多加了几个的“头衔”而已，不能切实体会其“自律”的意义。班主任可以把同学推荐和同学自荐相结合，选出自律小组的成员若干人。由班主任综合各方面的条件和素质，指定组长，班级劳动委员、当周值日班委和参加年段常规评比的同学为成员。此外再由组长结合同学自荐和同学推荐的情况在无担任任何学生干部工作的同学中(不排除非团员和寄读生)选出两名成员(男女各一),由这六位同学组成班级自律小组,负责班级的各项常规管理工作。

自律小组各个成员主要工作内容为负责每日班级的考勤、卫生、仪表服装、以及课前准备和课堂纪律的监督与劝导,做好宣传工作,制造良好的舆论环境,使班级形成一个有正气、有次序的良好班风,为同学创造一个良好的学习环境。

自律小组各个成员各有分工,每日与参加年段评比的同学保持联系,及时发现班级存在的问题,并制定相应的解决办法,及时通知有关同学予以纠正,并定期向全班同学做工作汇报,总结前阶段之成果与不足,对同学提出相应的建议和要求。同时也征求广大同学的意见和建议,制定下阶段的工作重点,不断改进工作方法,进一步调动广大同学的积极性,齐心协力,使班级的各项常规管理正常化、制度化,使全班每一位同学都充分意识到自己作为班级一员的重要作用,自觉为班级争取荣誉,做到自觉自律。

由于实行自律小组的工作制度还只是一种尝试,因此在试行中必然会遇到不少问题。对此,班主任应充分考虑各方面的情况,听取广大同学的意见和建议,及时予以纠正和改进,把握好学生工作的方向和尺度,使这项工作向有利于学生身心各方面发展的方向进展,达到陶冶学生,培养其正义感和集体荣誉感的目的。

首先,班主任要处理好自律小组与班委之间的工作关系。自律小组的职责主要在于监督和劝导同学遵守各项规章制度,使班级在年段的常规评比中少失分,并把每月扣分情况及不足之处及时向同学通报,以及创造一个良好的秩序和学习环境;而班委的职责主要在于协助班主任和科任老师处理各项事物,如作业缴交、成绩状况、文娱体育、班费管理和宣传等工作。二者各司其职,没有矛盾。班级劳动委员同时作为自律小组成员,既是班级卫生工作的监督劝导者,又是卫生工作的安排和策划者。自律小组的每周例会和各项讨论班长均列席参加,并提出相应的建议,支持和配合自律小组的工作。

其次,自律小组并非干部机构,应调动全体同学的参与,使之真切地体会到“自律”的含义。为此自律小组应做好宣传工作,在班级形成一个良好的舆论环境,使正气得以发扬。在这方面,班干部和全体团员应起模范带头作用,敢于同不良言论和现象作斗争,发扬正气,以配合自律小组的工作,带动广大同学主动自觉自律。团支部例会及班委例会上必须明确地把支持自律小组的工作作为一项内容来总结。

再次,班主任在自律小组的工作中应起好导向作用,既不可过于放手,一切不管,由学生全面自律;也不必事事躬亲,失去自律的意义。班主任应密切关注班级情况,鼓励自律小组成员放手开展工作,做好他们的坚实后盾,一旦发现其工作中出现偏差,应及时并不露痕迹地予以纠正。对于不配合自律小组工作的个别同学,班主任应及时了解其原因,予以谈话,及时解决其认识问题和自律小组工作中的不足,使自律小组的工作逐渐深入人心。

同时,自律小组成员在学生中必须树立一定的威望。威望的树立主要在于以下几个方面:一是以身作则,为同学树立榜样。二是学习刻苦认真,学习成绩优异或不断取得进步。学生以学为主,学习成绩优异和不断取得进步的学生在同学中自然而然的就又了威信。三是必须敢于开展工作,同不良现象做斗争,说话算话。在这几个方面,班主任应对其进行观察和帮助,树立起他们在同学中的威信,方可真正发挥自律小组的作用。

正确地把握好自律小组工作的原则与尺度,班主任予以全力支持和恰到好处的协助,必然会充分调动全体同学的自觉性,使班级形成一个有正气、有朝气,同时又有强烈的集体荣誉感的良好班风,为学生创造一个良好的学习环境。

## 四、带好班干部

班级建设、班风培养,要注意班干部队伍的培养,发挥他们的带头作用。一个好的班集体的建立,光靠班主任的力量是不够的,还必须有一支好的班干部和积极分子队伍。班干部是班集体建设的桥梁和主力军,他们的意见是班主任治理班级的法宝。除了集体观念的强化、集体荣誉感的培养外,学生干部的选用和培养是班风建设的又一个重要方面。

### (一)班干部的选择

要想充分发挥班干部的作用,必须要结合班级的实际情况,严格挑选,合理使用。挑选班干部首先要强调的是品行端正,其次才考虑组织能力,因为能力是可以在锻炼中培养的。另外,对班干部的选择权班主任也应该慢慢交给学生。班干部改选时,尊重学生们的意见。这样,班干部的竞争上岗会提高大多数学生的主动性、积极性和创造性。

比较而言,挑选班干部要选那些有一定组织工作能力,肯吃苦,品行好的学生,充分发挥其积极性,在实践中锻炼他们。如:某同学性格开朗,细心,善于和同学相处,就安排他当生活委员,每次收费或活动都能很好地通知学生。又如某同学很有集体荣誉感,很乐意为大家服务,就安排他做卫生委员。对于个别有能力但学习成绩不理想的学生,也安排一些工作,但跟他谈好,成绩必须达到一定要求,否则撤销工作并予以批评。班主任大胆使用某些同学,在促进班风的培养上也起到一定的作用。

(二)班干部的培养



班干部是班集体的核心,是班主任进行工作的得力助手。因此班主任要重视班干部的培养,做到充分发挥他们在班级中的作用,以带动全班同学,使其不断前进。

首先,一名好的班干部必须在学生中有威信。学生信服,班干部才有热情,才会把工作做好。

比如,有的班干部胆子较小,不敢管事。班主任就可以针对其特点,制定“二必须”:第一,必须以身作则做遵规守纪的典型;第二,必须提高成绩,争取每次考试成绩都是优秀。这两点做到后,学生自然对他产生了敬佩之情,成绩提高了,威信自然就有了;而对于他在工作中取得的成绩,班主任也要在班上及时予以肯定，进一步提高了他的威信和自信心，使他逐渐成为老师得力的助手。

其次，权力“下放”，如班干部有权对全班同学进行值日评定，规范评分。但“放”的同时，班主任又要注意“回收”，不时纠正班干部工作的偏差。总结经验，使学生干部各尽所能，人尽其才，充分发挥个人的主体作用。

因为“收”、“放”得当，会使学生自我教育、自我管理的能力大大提高。当班主任不在教室时，班干部也能照样积极管理班级，其他学生也能各到其位，自我约束，做到老师在与不在一个样，成为名副其实“班级的主人”。

作为班主任，有一个较好的班干部队伍，一项重要的工作就是培养教育，锻炼使用，要教育他们以身作则，处处起表率作用，要敢于坚持原则，敢于同不良倾向做斗争，养成谦虚谨慎胸襟宽广的好品质。

在班级工作中，民主化、重点化和及时性是使用班干部的重要方法。在布置学校任务时，充分发挥班干部的积极性，让他们主动开展各项工作。在制订计划时班主任只提要求，在执行中进行检查、督促，对出现的问题及时解决。事后肯定成绩，总结经验教训。

当然，班干部的使用并不是一成不变的。根据班干部的表现和能力，不断吐故纳新，这样才能形成一种激励机制，保持班干部的纯洁性和带头作用。

## 五、净化人际关系

### (一)师生之间关系和谐

班主任要塑造自己良好的形象:端庄大方,平易近人,和蔼可亲;热爱本职工作,以身作则,真诚关心、热爱学生,对学生动之以情,晓之以理,导之以行,使学生感到班主任可亲可敬,是自己学习的楷模。这样,班主任的“传道授业”才能通过学生感情的“过滤”和“催化”,变成学生的需求和行动。当师生在感情产生共鸣形成遵师爱生的氛围时,才能真正建立起和谐融洽的师生关系。班主任在平时与学生的接触中,应该把自己放在与学生平等的地位,遇事尽量以商量的口气,不用命令的口气或责备的语气说话。尽量在学生中间创造一种和谐的气氛与情感。学生是活生生的人,有个性、有自尊心,有时犯一些小错误也是正常的,班主任要正确引导,不要大惊小怪、小题大做,更不要为此去处罚他们。平时班主任要对学生多一分关怀少一分训斥,多一点鼓励少一些批评。学生的健康成长离不开班级组织,班集体有利于学生群体意识的形成和良好个性的发展。通过班集体活动和学生群体间的交往,不仅有利于学生积累集体生活的经验,发展自己的志趣和爱好,培养学生的自我教育能力,而且还可以使学生学会合作,学会交往,学习做人之道,从而形成良好的个性品质。班集体是学生自己的集体,有它的组织机构,每个学生在所归属的班级中都能找到适合于自己的活动、工作和角色。在班级集体中,有共同的目标,明确的职责分工,有统一的规章制度、权利和义务。这就要求班级中的每一个成员学会自己管理自己，教育自己，自主地制定集体活动计划，积极地开展各项工作和活动，锻炼学生的自我教育能力。全班同学有共同的奋斗目标。班集体的目标由班长和全班同学一起讨论确立，以利于推动班集体不断地向前发展。

### （二）学生之间团结友爱

同教师一样，学生也是教学环境的主人，在创建良好的教学环境中发挥着重要作用。即使在改善人际关系中，也不能忽视学生的作用。提倡同学之间在学习上互相帮助，共同进步；生活上一人有难，八方相助。强化学生群体意识，树立学生集体荣誉感，能够不断增强凝聚力。培养学生群体意识，集体舆论导向性是一个很重要的问题。一个奋发向上、团结友爱的班级，势必也有很强的集体荣誉感；而一个松散、歪风盛行的班级，是学生容易犯错误的温床。因此，良好的班集体对学生起着很大作用。通过各项活动的开展，目标的制定与实现，同学们在集体中充分感受到集体的力量和集体的温馨。在良好的班风的熏陶下逐渐养成群体意识，从而升华到集体主义思想，不断增强凝聚力。在一个优良的班集体中，同学们才能互相帮助，督促，鼓励，关心，团结向上，共同进步。

## 六、创造理想的、积极向上的学习环境

理想的学习环境，一般指优美的校园自然环境，整洁的室内学习环境，和谐的人际环境和健康的舆论环境。良好的学习环

境不仅有利于教学活动周而复始的高效运转，而且能陶冶学生情操，净化学生的心灵，激励学生勤奋学习，积极向上，促使学生全面发展，健康成长。教室内保持整洁卫生，窗明几净。器物不得乱放，学生的课本、作业要放置有序。除本节课必需的书籍、文具之外，桌面上应尽量不放其他的书籍、簿本等，以免文具纵横，“书山”迭现，诱发学生生活随意、章法杂乱的不良习惯。

学习环境是一种特殊的生存环境，特别是作为按照人的身心发展的特殊需要而设置的专门育人的学习环境，能潜移默化地影响学生的情感、思维、行为、习惯以及气质的形成。

注重颜色的选择与光线的处理。适度、均匀、柔和的光线是学生眼睛健康的保证。根据色彩的心理效应，出一期展望未来的学习园地。用红纸配学生的彩照与格言在教室的一侧墙上，使学生感觉舒适，以缓解疲劳，另外再配上学生的学习体会。班级的布置给“教”与“学”创造一个温馨的环境。



学生的主要任务是学习，而学习成绩的优劣，除了个人主观努力外，同学之间的相互合作、相互帮助也是重要因素。教育学生明确学习目的，端正学习态度，使班内形成浓厚学习空气，创造一个良好的学习环境，激发全体学生相互切磋，相互启发，取长补短，共同提高。鼓励、指导学生采用多种方式互帮互学，除了课堂上相互切磋外，课余时间要提倡彼此为师，相互激励，如同我国北宋时期的教育家胡瑗所采用的“以类群居”即按专业兴趣同宿，以便“相与讲习”，互帮互学。为了搞好学习上的合作，根据自愿结合的原则，成立课余“学习互助小组”，相互质疑问难，答疑解惑，共同探讨。或在优生和后进生之间开展“一帮一，一对红”活动，发挥优生的传帮带作用，促进后进生学习上的转化。在班会课上举行学习经验交流会等措施。增强学生的合作意识，强化合作行为，促使学生普遍提高学习水平。

## 七、坚持正面教育

反面教育只能告诉学生什么不好，正面教育才能告诉他们什么是好的。

### （一）树立榜样

最好的正面教育莫过于榜样教育。一个集体必须有比较突出的榜样，没有榜样的集体就会丧失整体信念，没有信念的集体，就不会有凝聚力。有一位班主任曾在班上举行过一次“我想向你学习”活动，让每个学生尽可能地找到自己身上的优点，说出同班同学的优点。这个活动，能很好地引导学生去发现周围同学的优点，取他人之长，补自己之短。同时，其他同学对他身上优点的肯定，也能激励他更上一层楼。

### （二）转反为正

在树立榜样，进行正面教育的同时，班主任还应该注意尽量把反面教育转化为正面教育。当学生犯了错误时，班主任要告诫自己尽量少发火，少去批评，尽量静下心来听听学生的解释，帮助学生找到出错的原因和解决问题的方法，鼓励学生积极改正。

例如，有一个班里有这样的一个学生，他回家后从不肯先做作业，总要等到吃好晚饭后实在没有办法了才开始完成作业，要是晚了他就随便写写算了。父母没办法，去找班主任诉苦。班主任就找他谈话，说："这样吧，放学后你就留在学校里，做完作业再回家，我陪着你。你感受一下，先做好作业，再放心去玩的那种快乐。等到你觉得可以回家也这样做的时候，你就回家做作业。"过了一个星期，孩子告诉班主任他行了。然后，班主任让他回家也试一个星期，不行的话再重来。后来，父母告诉班主任，孩子正在努力地朝好的方向发展，虽然有时父母还得盯在后面。这个过程无疑是自我教育的过程，其效果不是批评责难所能达到的。

良好的班风，不是十天半月的工作就能促成的，它需要班主任长期耐心细致的工作，也需要班主任经常地总结经验，交流体会。



**案例教育**

2003年9月，李老师开始担任初一(1)班的班主任工作，学校领导将两个外地借读生安排在李老师班。其中一名女同学家境贫寒，时常为学费不足而烦恼，李老师十分重视她的现实问题。期间，李老师多次为她垫付学杂费，并与班内同学一起上门做其家长思想工作，避免了因经济困难而极可能造成该生辍学的后果。并在李老师的努力下，为其解决了户口问题，后来在初三升学考试中该生以优异的成绩考取了区重点。在李老师言传身教的影响下，助人为乐的思想和行为在班内蔚然成风。

在初三第二学期中考之前的两个月，班内一名女同学的母亲由于身患多种疾病不幸去世，而该女同学自己也由于疾病刚开刀治愈，这双重的打击使她原本虚弱的身体更加憔悴不堪。她人在教室，心思却无法集中于学习。为了解决她生活上的困难，在李老师的带领下，善解人意的同学向她伸出了援助之手，同学们纷纷捐出了自己的压岁钱和零用钱，共募得400元钱送至她手中。几名班干部主动地轮流替她补上落下的课程，使她感受到了集体的温暖。

由此可见，班主任的行为和工作作风直接影响了班风的建设，有助于创建良好的班风。

学校的目标始终应当是青年人在离开学校时，是作为一个和谐的人，而不是作为一个专家。……发展独立思考和独立判断的一般能力，应当始终放在首位，而不应当把获得专业知识放在首位。

——爱因斯坦

# 主题班会

主题班会指的是围绕一个教育主题,在班主任指导下,由学生自己组织、自己主持,全班同学都积极参加的,内容集中、针对性强、形式多样、生动形象、新颖别致、时代感强的自己教育自己的一种集体活动,也是班主任通过学生集体教育和影响学生的一种较为普遍采用的教育形式。



## 一、主题班会的类型

主题班会的类型是多种多样的,主要类型有:

1. 指导学习类。如针对学生不重视生物学科的学习,可以召开《21 世纪将是生物世纪》的主题班会;针对“不学 ABC,照样赚大钱”的思想,可以召开《人活着到底为了什么》的主题班会;

针对学生觉得自己笨、学习缺乏信心和有的学生觉得自己会小聪明,学习怕艰苦的思想,可以召开《比聪明》的主题班会,引导学生和家里的人比聪明,和周围的人比聪明,以及与古代的曹冲、司马光比聪明,等等。还可以结合课文《宇宙里有些什么》,利用夏、秋季的某一天晚上组织召开《看星星》主题班会,等等。

2. 思想教育类。为了配合对学生进行改革开放教育,可以组织召开《由市场看改革》、《寻找家乡改革之星》、《十年与三十年》等;还可以遵循学生的认识规律,使主题班会系列化。比如在学习雷锋方面,可以组织召开《雷锋故事知多少》、《我学雷锋小目标》、《争做雷锋式好青少年》等。为了配合爱国主义教育,可以组织召开《热爱国旗、尊敬国旗》和《我爱家乡》的主题班会;为了引导学生关心班集体,可以组织召开《我为集体做了些什么》的主题班会。针对学生们进入中学后认为自己长大了,和家长的关系开始疏远,以及社会上往往发生的不孝敬父母,不尊敬长辈和老人的情况,可以召开《妈妈您好》的主题班会等等。

3. 生活指导类。针对中学生当中出现的"过生日"风,为了把同学们过生日活动引向健康轨道,可以组织《过生日》主题班会等等。

4. 审美娱乐类。为了对学生进行审美教育,可以结合美术课和劳作课,召开《我们是美的创造者》的主题班会。学生可以展示自己一件件美的作品,包括绘画、实物造型、剪贴、泥塑、书法或诗歌创作,还可参观本班学生亲手创造的良好校园环境。

5. 综合类。这类主题班会融教育性、知识性、审美娱乐性、趣味性于一体,更便于展示班上每个学生的才能和特长。

## 二、主题班会的形式

主题班会的形式同样是多种多样的，经常采用的有：

1. 漫谈、座谈、讨论。它适合于全班同学共同探讨某个问题，如“我的理想”、“知识就是力量”等主题班会。

2. 演唱、讲故事、朗诵。它适合于通过赞美学生对学生进行思想品德教育，如“我爱祖国”、“我爱家乡”等主题班会。

3. 参观、访问、瞻仰。它适合于对学生进行爱国主义、集体主义、社会主义和勤俭节约、艰苦奋斗的传统美德教育，如在烈士塔前、烈士陵园内召开“继承先烈遗志”主题班会。

4. 报告会。它适合于介绍英雄、模范光辉事迹，向学生进行革命传统教育，如“学雷锋”“赞徐洪刚”等主题班会。

总之，主题班会应想方设法采用适合青少年特点、为他们喜闻乐见、易于接受的形式。



## 三、主题班会的设计

主题班会开得成功与否关键在设计。

1. 从实际出发，选好主题。班主任在深入班级实际，摸清班级情况的基础上，尽可能结合当前形势，抓住中心，选好主题。主题的名称要醒目、面向学生实际，要有强烈的时代感。如初二年级的学生，以庆祝 14 岁生日为内容的主题班会，可以命名为《迈开青春第一步》、《红领巾——团徽》；初一年级以理想教育为主题的班会可以命名为《相会在 2008 年》；初三以友谊为主题的班会可以命名为《心意》等等。

2. 围绕主题，精心构思。为了更好地突出主题，从内容安排、时间顺序、环境布置、会址选择等都要进行精心构思，以期起到事半功倍的效果。

3. 围绕主题，做好准备。在全面发动、人人参加的基础上制定计划、确定主持人、选好典型发言、绘制图表、写好解说词，以及会场选择、环境布置都要落实到人，并对完成任务的全过程进行指导和督促。

4. 围绕主题，采取活泼多样的形式。可以根据学生不同的特点和班级不同的情况，采用不同的形式：可以采用漫谈的形式，也可以采用诗歌朗诵，讲革命、历史故事，还可以把内容编成相声等文艺形式来进行，甚至可以用游戏、爬山、请专家串讲等形式；既可以在校内开，也可以在校外开。

5. 围绕主题，积极引导。要注意充分发挥学生干部在筹备、组织和主持主题班会中的作用，让学生当主人自己参谋，不包办代替。当然这并不否认班主任在主题班会过程中紧扣主题的启发、引导作用。

6. 围绕主题，做出小结。主题班会结束时，班主任应主持人邀请对主题班会做出画龙点睛的小结。讲话时要做到言简意赅、中心突出，并富有鼓舞性和号召力。会后，班主任要及时检查教育效果，并注意效果的巩固和提高。有人说，优秀的主题班会的背后，必定有一位优秀的策划者——一位深谙班主任工作技能的优秀班主任。这话是颇有见地的。

## 四、主题班会的作用

第一，针对班级中存在的问题，择其主要的、突出的一个主

题，发动全班学生开展自我教育活动，主攻的目标明确，解决的问题集中。它既适用于对学生进行德育，又适用智育、体育、美育和劳动教育等，具有多功能的教育作用，深为学生所欢迎。一次生动活泼的主题班会，将给学生留下美好的记忆，产生长久、深刻的教育影响。

第二，围绕一个主题内容，可以采取多种形式来表现，如讲演、报告、竞赛、戏剧、舞蹈、歌唱、文艺小品等等。在方式方法的运用上回旋的余地极大，因而便于激发学生的想象力去进行各种创作活动，所以符合中学生心理发展的特点和需要。

第三，多数主题班会，适宜于把全班每个成员都组织到活动中来，因此有利于使每个学生都成为班集体的主人，从而能够加强班级的团结和凝聚力。

第四，主题班会能丰富学生的集体生活，促进全班学生聪明才智和个性的发展。同时在活动中有利于发掘学生的各种潜能，以便于班主任因材施教，进一步加强对学生的教育并得到培养，使其成为具有专门特长的人才。



## 五、召开主题班会需要注意的问题

主题要明确，既要有科学性、新颖性，又要富有号召力和感染力。内容要集中，既要有针对性，又要有时代感、有说服力。形式要生动活泼，既要符合学生的年龄特征，又要有利于班集体的建设和有利于发挥学生的聪明才智。准备要充分，班主任务必要做到精心设计、精心指导、注重实效，但不得包办代替；本着“题目班主任出，文章全班学生做”的原则，做到点题而不破题，画龙而不点睛，在指导过程中，兼收“出题点题，画龙点睛”之效；要让学生动脑、动手，在积极的身心并用的实践活动中学会思考、增长才干，从中受到教育和锻炼。主题班会不宜安排过密，每学期以2~3次为宜，因为组织一次主题班会，从设计到具体实施，无论是班主任还是学生，都要投入大量的精力和时间。安排过密，势必冲击班级的其他工作，甚至还可能影响一部分学生的学习。

总之，班主任应把开好主题班会看成是对自己的考验和磨炼；看成是自己的威信、能力、热情、知识素养以及事业心、责任感的具体表现。

做一个文明中学生

## 一、指导思想

针对个别同学在言谈举止和学习上有不符《中学生日常行为规范》的现象，决定召开一个以《做一个文明中学生》为主题的班会，以进一步规范个别同学的言行。

## 二、班会形式

对白、小品、个人汇报、唱歌等。

## 三、活动准备

1. 组织学生围绕这次主题班会搜集本班同学遵守

或者违反《中学生日常行为规范》的正反两方面材料。

2.选取有代表性的材料指导学生编写成故事，编排成小品。

## 四、班会纪实

主持人（班长）甲：“做一个文明中学生”主题班会现在开始。

战国时期的思想家孟子说：“不以规矩，不成方圆。”大家都知道规与矩原指校验正方形和圆形的两种工具，后来引申为人们言行上的准则和规范。我们中学生行为的“规”和“矩”指什么？它就是《中学生日常行为规范》。

主持人（副班长）乙：《规范》的内容向我们全面展示出当代中学生应如何塑造自己的形象，不少同学严格遵照《规范》去做，从而使自己日益成熟起来。但是，有个别同学未必真正领会它。今天，我们希望通过这次班会，同学们能深入地理解《规范》要求，进而内化为自己的行动。

甲：同学们，时间过得真快，当我们回顾来学校生疏相见的第一天到友爱相处的现在，大家定会滔滔不绝地讲述起一幕幕感人的情景。

乙：下面，我们就请同学们踊跃发言，把感受最深的动人故事献给大家。

小华同学：有一天，晚上放学，我骑自行车往回赶。

不料,半路上自行车的内胎炸掉了。因路程还有五六里,我焦急万分,只得推着自行车走。这时,班上的小维同学正好遇见我,他知道我家比他家远,二话没说,硬把他的车子换给我,我真感激小维同学。

(其他同学略)

甲:刚才几位同学讲述的互相帮助、友好团结、文明礼貌的动人故事令人难忘,我们真为有这样好的同学和班集体而感到自豪。

乙:让我们以热烈的掌声向这些好同学表示无限的祝福和崇高的敬意。(掌声)

甲:可是,最近发生在我们班里的一件事却令人遗憾。现在,我们已经把它编成小品——《碰撞以后》,请大家先观看第一场。

第一场:两位同学,其中A站在阳台上看风景。B走过A身旁时,正好A转身,无意相互碰撞,两人便出言不逊,后厮打起来。此时,Q同学扮“政教处老师”上台批评双方,才得以和解。

乙:在日常生活中,类似这种因小事而导致事态扩大的事件时有发生。这既有损于自己的形象,又损害了集体的名誉。如果他们碰撞以后,采取另一种方式,又会是如何呢?请大家再看第二场。

第二场:A碰撞B后,A先微笑地说:“对不起。”B再微笑地说:“没关系。”礼貌和解。

乙:让我们用掌声来感谢他们的精彩表演。

甲:小品《碰撞以后》给我们留下了许多思考。特别是第二场,双方采用了微笑的表情和礼貌的语言,从而化干戈为玉帛。可见我们日常生活中的“微笑”和“礼貌用语”是何等的重要。好,下面请听歌曲《歌声与微笑》。

乙:《中学生日常行为规范》对我们中学生的思想品德作了严格的规范,对学习也作了具体的要求。但是,同学们的成绩仍然存在较大的差异,是什么原因呢? 现在就让我们采访几位同学。

甲:小娅,你是咱班的英语课代表,英语学得好,其他学科的成绩也在班上遥遥领先,请你谈谈你的学习诀窍,好吗?

小娅:诀窍谈不上,我的学习经验很简单,就是严格按照《中学生日常行为规范》的要求去做。比如学习上,坚持预习、复习,上课认真听讲,积极思考,独立作业,不懂的问题及时请教老师和同学,坚决不留下学习上的任何一个隐患。

甲:感谢你为大家传经送宝。

(其他好同学的发言略)

乙:小广,你的学习精神也不错,但就是效果不佳,对照《中学生日常行为规范》,你认为自己的毛病在哪里呢?

小广:我总抄袭作业。

乙:看样子,抄袭作业也是学习上的大敌。我们的班主任潘老师对抄作业的同学曾做过病理分析，同学们还记得潘老师为之总结出来的一句话吗？

学生答：抄作业的同学是：“早期怕动脑、中期不开窍、晚期上课会睡觉。”

乙：既然抄袭作业有这么大的危害，我们希望有关同学赶快纠正这一不良行为。

甲：采访完毕了，谢谢几位同学毫无保留地向我们介绍自己的经验和教训。请大家用掌声对他们表示感谢！

乙：《规范》要求我们在生活中真诚相待，学习上更应互相帮助。下面请大家再观看一个小品《帮助》。

D、C两位同学进入考场考试，“监考老师”宣布考场纪律，D不听，把用来作弊的书籍纸条藏满全身。开考后，D拿纸条子作弊被“老师”发现，故而，全身的作弊材料全被搜出。D无奈，写纸条向C求援，C旁白“见难不帮非君子”。C欲做“君子”，便把答案写在手上让D抄，D终于得到和C相近的高分。

甲：确实有个别同学平时不学习，就靠考试作弊来得分，欺骗老师、家长，更欺骗了自己。请问同学们，C在考场上帮助D作弊，这算得上是真正的“帮助”吗？请大家对此展开一次讨论。(学生讨论)

乙：请小巍同学对这个问题谈谈看法。(略)

甲：综合大家的讨论意见，我们认为：帮助别人进步，才叫帮助；帮助别人堕落，这不是帮助，是坑害。

乙:现在请班主任潘老师讲话。

班主任:大家都知道每个人在社会生活中都扮演着多重角色,进行各种各样的交往活动。所以社会需要对每个人进行纪律法规的约束。就拿中学生来说,在家里是父母的子女,在学校是老师的学生,在商店是顾客,上了车船是乘客,走进影剧院是观众。颁布和实施《中学生日常行为规范》的目的就是为了加强对学生的社会公德及文明行为教育,使大家养成良好的习惯,促进思想文化等身心素质的提高,做一个文明幸福的人。

同学们,你们是跨世纪的人才,时代需要你们以高尚的道德和优良的行为规范自己。我相信,这次班会后,我班同学在行为规范上能再上一个新台阶!(鼓掌)



甲:最后一个节目,请大家合唱《中国少年先锋队队歌》,并请班主任潘老师用笛子伴奏。

(歌声结束后)

甲、乙:“做一个文明中学生”主题班会到此结束。

凡事预则立，不预则废。
——《礼记·中庸》

# 制定班级工作计划



班主任工作计划是指导班级活动，保证教师和家长对学生教育影响一致性的前提条件，又是改进班主任工作，提高班主任工作质量的重要保证，也是班主任工作的一项重要内容。

## 一、制定班主任工作计划的意义

班主任工作的内容很多，涉及面较广，对班集体的管理工作也是极其复杂的。为了有目的、有计划、有组织、有步骤地开展好各项教育活动，班主任必须在学期初制定出严密的工作计划。简言之，制定班主任工作计划的目的，在于指明班集体的努力方向和在一定时期内要达到的具体目标，使班级工作有条不紊地进行。

## 二、制定班主任工作计划的依据

### (一)依据党的教育方针和学校的中心任务

在制定班主任工作计划时,首先,要明确教育方针、教育目标要求,体现对学生德智体诸方面全面发展而负责的精神。其次,要研究学校工作的中心任务,根据学校工作计划要求的要求,确定班主任工作的要求和措施。

### (二)依据本班的实际和学生的年龄特征、个性差异

制定班主任工作计划,必须考虑本班学生的年龄、家庭、生活环境、思想品德、学习情况、兴趣爱好和个性差异等,使计划有针对性,切实可行。

## 三、班主任工作计划的种类和内容

班主任工作计划的种类一般分为学期工作计划、周(或月)计划和具体活动执行计划。

学期工作计划是指学期初制定的全学期班主任工作计划。其主要内容包括以下几方面:

第一,对本班基本情况做简要分析。主要包括班级学生总数,其中男女生各多少;指出本班特点,学生年龄段大致划分,兴趣爱好,个性特长;班级骨干力量状况;学习情况分析(包括学习态度学习方法,学习能力,基础等);思想品德和纪律情况分析。

第二,说明本学期教育任务和重点。要根据学校总计划的要求和中心任务结合本班实际状况,确定本学期教育任务,要求

及工作重点。

第三,提高学生学业成绩的具体措施。如加强学习目的教育,进行学习方法指导,如何开展课后辅导答疑活动等措施。

第四,思想品德教育的措施。如组织主题班会、新生入学教育、"三热爱"教育、组织公益劳动、参观访问等。

第五,加强纪律和法制教育的措施。如进行《中小学生守则》教育,中小学生《日常行为规范》教育,开展"一日生活规范和评比竞赛"活动,加强班集体建设的措施等。

第六,协助共青团,少先队组织进行的教育活动措施。

第七,规定班级开展文体和科技活动的时间、地点、内容、要求等;规定家访、家长座谈会、家长会议的内容和日期。

第八,卫生保健工作的制度和措施。

上述内容可因班制宜,进行修改或补充。注意"简要"二字,切忌冗长乏味。

周(或月)计划是根据学期计划和阶段任务,在每周(或月)开始时制定的。其主要内容包括:周(或月)工作重点、要求、活动内容、时间安排、落实措施等,使每周(或月)的教育活动师生胸中有数,使学期计划落实有所保障。

具体活动执行计划是为开展某一项大型活动而制定的具体活动方案,应包括活动的目的、要求、内容、时间、地点、主持人、注意事项等内容。

## 四、制定班主任工作计划应注意的问题

1. 注意计划的方向性、针对性和可行性。首先要求计划的指导思想要明确班集体的努力方向和在一定时期内要达到的清

楚目标。其次,要力求切实可行,反对脱离实际。只有当计划是现实的、具体的、符合班级实际和学生的身心发展特点,才有利于开展工作。

2. 注意统一性和灵活性,“定”“变”有机结合。既然定出计划,就要遵循计划开展工作。但是,当情况有了变化,或因原来情况了解掌握得不够,而使计划与现实有了较大距离时,要随时修改充实计划的内容,以利实际指导工作。

3. 注意走群众路线,切忌主观臆断。制定计划时,要广泛征求和听取任课教师,班、(团)队干部,学生和家长的意见。这样有利于调动各方面的积极因素使之互相配合,更好地落实计划。

4. 注意制定计划,既要有远见,又要明确具体,反对形式主义。力求长计划短安排,学期有设想,月初有计划,每周有安排。

5. 注意制定计划,既要照顾全面,又要抓住关键。力求简明扼要,反对冗词赘句。

6. 计划成文后,必须交主管领导审批后,方可执行。

7. 计划定好后,要与班干部以及同学们见面,使干部和学生产生较大的目标引力,自觉、主动地为实现目标而努力。这样做,有利于计划的落实。

教育案例

某学校初二(5)班第一学期计划

## 一、班级存在的主要问题及原因

(一)问题

从上学期期末测试的情况归纳,班级存在的主要问题是:学生为实现目标而努力的程度不够;对学生干部的满意程度不够；学生遵守纪律不够；一些学生学习态度不够端正，方法不够科学；身体素质存在问题，男女学生肺活量和中长跑均值均低于市同龄同性水平；班级重视并发展学生的兴趣爱好不够。

（二）原因

1. 学生对集体目标管理的参与度不够：小学时当过而今未当主要干部者有失落感、自卑感，学生参与管理的成功体验不够。

2. 学生干部以身作则不够。

3. 自律程度不够：科任教师纪律要求宽严不一致，课堂纪律表现不一；有些学生视学习为"交作业账"，上课时赶做其他作业，自修课又感到无事可做，不认真自修；学有余力者自修完成作业后不抓紧时间复习、预习，也放松纪律；有的学生尊师不够。

4. 学习方法不够科学，一些学生缺乏追求巧学的思想，预习、复习工作较差。

5. 一些学生不能刻苦磨炼自己的思想和意志：①学习满足于完成作业，完成作业后就不认真自修和复习、预习；②锻炼耐力时怕苦畏难，训练不够。

6. 科任教师在纪律要求、预习、复习和作业布置等方面协调不够。

7. 家庭教育上的问题：①宠爱多，对子女的学习和体育锻炼严格要求少；②少数家长对子女期望值低。

## 二、班级的主要目标及操作变量

(一)目标

1. 学生为实现目标而经常努力者由84.6%上升到90%以上。

2. 学生对学生干部全满意和多数满意者由51.9%上升到60%以上。

3. 学生反映班级课堂纪律较自觉者由32.69%上升到50%以上,反映科任教师与班主任上课纪律的差别没有和很少者由28.85%上升到40%以上。

4. 学习态度优秀和良好者由67.3%上升到75%以上,学习方法优秀和良好者由48.1%上升到55%以上。

5. 身体素质方面,男女学生肺活量上升到持平,1000米和800米跑与市同龄同性均值持平。

6. 学生班级一贯能和经常能重视并发展学生的兴趣、爱好由38.46%上升到50%以上。

(二)操作变量

分析班级存在的主要问题的原因,可筛选如下主要操作变量:

1. 完善组织机构

(1)操作原因:①优化内外关系有利于协调教学行为,促使班级学生集体和教师集体逐步形成自动调节机制,具有高度的自我组织性;②设置一系列班级管理的职能机构有利于提高师生对班级管理的参与度，并为其个性发展创造条件。

（2）操作要求：①完善学生集体的自我管理机构。A.根据学生要求和班级需要，以和谐结合的原则为每个学生安排适当的班级管理位置；B.完善学生自愿参加的多样化小组并安排时间开展必要的活动，为学生提供在集体中展示特长的机会；C.试行班干部轮换制度。②完善班级科任教师集体的协调机构。A.在学校领导和年级组长的支持下，健全科任教师集体组织机构；B.根据教师特长和班级需要，统筹安排科任教师参与班级管理和组织指导学生课外活动的岗位。③完善家长集体参与民主管理机构。A.召开家长大会，建立家长委员会，明确班级共同目标及达标要求；B.依靠家长帮助，优选和组建校外辅导员队伍，建立校外实践基地；C.组织家长参与班级管理，包括推行班级家长日记、组织家长听课、举办家长报告会等。

2.完善教研会制度

（1）操作原因：①科任教师确认班级共同目标，协调教学行为，有利于形成共向合力，提高班级教育、教学和管理效能；②加强教师对于班级教学工作的共同研究，有利于增加彼此协作和交往的机会，增强交往频率，使交往主导内容积极化，促进教师集体的形成、发展和巩固。

（2）操作要求：①全体科任教师每学期至少在学期初和学期中开2次教研会，班主任和语文、数学、外语教师2周或每月开1次教研会;②会前各科教师划分每个学生学科学习的类别并分析原因,寻找每个学生学科学习的“最近发展区”,提出最近目标及达标建议;③会上由各科教师汇报交流后制定班级发展水平,认同班级共同目标及达标要求,统筹安排课堂教学、课外活动和社会实践活动,研究如何打通学科,改革课堂教学以促进集体建设;④会后分头与学生作沟通并参加学生大会、师生确认共同目标和达标要求,形成对于组织纪律、预习复习、体育锻炼及作业要求等方面的共识,并拟定积极有效的导向;⑤加强平时科任教师之间的协调与沟通,分工指导学生实施目标。

3. 榜样示范

(1)操作原因:①与青少年学生好模仿的心理特点相适应;②借助具体形象说理,说服力强,易于使学生获得积极的情感体验;③体现正面教育为主,有利于发扬积极因素,克服消极因素。



(2)操作要求:①精选榜样,根据班级需要,拟精选组织纪律性强、刻苦学习和锻炼、讲求科学的学习方法的先进典型;②分析榜样,引导学生理解榜样形成的原因及其社会意义,帮助学生确立正确的思想观念,提高自觉性,防止停留在一般的表面的模仿上;③寻找身边的榜样,表扬本班在上述方面的先进典型;④组织行动,落实解决上述问题的措施。

4. 集体的积极性评价

(1)操作原因:①评价是目标管理的重要环节,它不仅对班集体建设的结果做出鉴定，为评比和表彰先进提供依据，而且通过对集体教育的各个阶段和环节的活动质量的分析，明确后继活动的方向，从而改进工作，促使集体结构及其功能的发展水平的提高；②强调评价的集体性，有利于形成集体的正确舆论，充分发挥集体的教育作用；③强调评价的积极性，有利于体现评价的激励功能，调动广大师生的积极性。

（2）操作要求：①重视形成性评价，将评价贯穿集体教育的全过程，发现问题及时矫正，同时重视搞好期中性评价，对一个阶段的工作做出总结。②在自评的基础上搞好集体性评价，最后由教师做重点评价。③不仅评价目标的达成度，而且评价各自实施目标的参与度和科学性，即 A. 评价结果，看到在原有基础上取得了哪些进步，与预期目标存在多大差距，实施目标的方案是否切实可行；B. 评价集体教育的过程，看集体教育工作是否符合教育科学规律；C. 评价教和学的态度和发展趋势，看师生是否努力，集体有多大潜能。

## 三、主要活动安排

根据操作变量的操作要求，拟定本学期实施集体目标的主要活动为：

（一）开学常规教育（9 月）

1. 提出“四个一”要求：①上好第一天课，②做好第一天作业，③开好第一次校、班会，④出好第一期黑板报。

2. 学习《中学生行为规范》与学习常规，要求：①校内外基本一个样，②各课（包括自修课）一个样，③班主任在与不在一个样，④各科作业规范化一个样。

（二）健全学生集体的自我管理机构（9月）

1. 班会：总结表彰先进。

2. 调整班级干部队伍，小干部就职演讲。

3. 完善多样化小组，安排每周活动时间。

4. 安排每个学生参与班级管理的合适岗位。

（三）健全教师集体协调机构（9月）

1. 在学校领导和年级组长支持下，健全以班主任牵头的，语文、数学、外语科任教师为主要成员的班级科任教师集体的协调机构，并建立相应的制度。

2. 召开班级教研会：①在分析班情（主要分析学生各科学习类别和“最近发展区”）的基础上，提出各科教学目标及达标措施建议；②统一学生在课堂纪律、作业规范和预习复习等学习方法上的共同要求；③研究如何打通学科，科际渗透；如何改革教学以促进学生集体建设；如何分工指导多样化小组开展活动及具体目标要求；④明确各自参与班级管理的具体岗位。

（四）制定目标（9月）

1. 班会伦理谈话：如何制定和实施集体目标和个体目标。

2. 制定班级、小组和个人目标。

3. 制定班级目标管理计划。

4. 班级师生大会，确认共同目标及教学要求。

（五）健全家长集体参与民主管理机构（9月）

1. 建立班级家长委员会筹备小组。

2. 召开家长会议。（1）建立班级家长委员会，（2）通报本学期班级目标及达标要求，（3）提出家长参与民主管理建议。

①试行班级家长日记；②建立校外辅导员队伍和校外实践基地；③参与听课讲课活动，初步酝酿向中学生现身说法，宣讲自己如何坚守纪律、刻苦学习和锻炼，讲求学习方法的人选。

（六）组织开展学英雄模范活动（10月）

1. 走访女登山英雄潘多。

2. 夺取世界和亚洲女子中长跑之冠的“马家军”事迹报告会（学生先搜集材料宣讲，后教师补充）。

3. 英雄事迹分析会，归纳他们为了实现目标而严守纪律、不怕艰苦、讲求科学等优点。

4. 组织行动，重点抓好：①课堂学习和自修课组织纪律；②平时预复习；③组织开展好小组中长跑训练和竞赛；④认真复习、科学复习，迎接期中考试。

（七）班级教研会（11月）

1. 期中情况分析。

2. 修正达标措施。

3. 研究如何围绕共同目标，协调教学行为。

（八）班级期中总结（11月）

1. 期中集体素质测试。

2. 评价目标达成度，表扬各自做出的努力。

3. 分析存在问题及改进班级工作的建议。

(九)试行学生干部轮换制度(11月)

至期末轮换二次,每次轮换干部数的1/3。

(十)伦理讨论会(11、12月)

1. 辨析:“学习主要就是完成作业,所以我要抓紧时间在上课时做作业。如果作业在课上完成了,自修课上就没啥事可做了,可以玩玩说说。”

2. 辨析:“我是独苗,爸爸、妈妈、爷爷、奶奶和外公外婆都爱我。他们在我的学习和锻炼问题上常有不同的看法,有的认为要吃苦,有的认为身体最要紧,不主张我吃苦,怕吃了苦把身体搞坏了。”

3. 社会实践活动:家长代表由今天的成绩追忆自己求学时如何学习和锻炼。

4. 表扬身边刻苦学习和锻炼的榜样。

5. 小组中长跑比赛。

(十一)元旦文艺联欢会师生特长表演。

(十二)科学学习方法介绍(1月)

1. 学生科学学习经验交流。

2. 教师归纳科学的学习方法。

(十三)动员期终温课迎考(1月)

(十四)班级期终总结(1月)

1. 期终集体素质测试。

2. 期终总结评价。

学非有碍于思，而学愈博则思愈远；思正有功于学，而思之困则学必勤。

——王夫之

# 班主任工作总结



班主任工作总结是对一个阶段计划的组织、实施、检查等管理活动的总分析和总评价，也是下一计划实施、检查、总结的基础，同时又是不断提高班主任工作水平的一个重要环节。

## 一、班主任工作总结的意义

一方面可以使成功的经验条理化、系统化，向理论高度转化，班主任从中受到激励；另一方面，班主任也可以从失败中吸取教训，“吃一堑，长一智”，变被动为主动，为迎接下一周期的班主任工作准备良好的条件。

## 二、班主任工作总结的内容及方法

班主任工作总结一般分为全面总结和专题总结两种。

### (一)全面总结

每到学期末或学年末,班主任对自己的工作要做一次全面的总结。全面总结主要是检查总结学校教育教学方面的要求和班级工作计划的落实情况,是对一学期所做的主要工作概括地介绍,对取得的突出成绩方面要做重点经验分析。注意经验分析的事例要典型,观点要鲜明,有理有据。总结时要对班级各项活动的效果,对全班同学德智体诸方面的进步情况,存在问题及原因进行分析,如要写清楚原有状况、采取的措施和效果等。写出一学期工作中的不足和缺点,还要分析造成不足和缺点的原因,以利吸取教训。其目的主要是吸取经验教训,也为制定新学期工作计划奠定基础,使新学期的工作更有针对性,简单提出下一步改进意见。

### (二)专题总结



专题总结是对自己或班级取得显著成绩的某项工作或对班内学生发生显著变化的某个方面进行总结。重点总结一两个问题,切忌面面俱到。针对工作的实际成果,班主任要事先拟定好专题。例如“怎样结合学生年龄特点开展教育活动”、“怎样建设班集体”、“如何培养锻炼班干部”、“后进生的特点与转化”、“怎样做好孤僻性格学生的转化工作”等等。



全国模范班主任乔玉屏老师,曾就培养学生的创造精神,总结出四条经验:一是用信息开拓学生的创造性思路;二是鼓励学生标新立异;三是开阔学生视野,激发学生求知欲;四是引导学生开展创造性活动。乔老师还提出培养学生的创造精神，班主任必须站在“三个面向”的高度，“改变传统的评估学生的标准，树立新的学生观”，否则培养学生的创造精神就是一句空话。

## 三、班主任工作总结应遵循的原则

### （一）实事求是，一分为二的原则

无论是全面总结还是专题总结，班主任都必须严格按自己完成的工作实际情况及效果进行客观的总结和分析，既要看到成绩，又要找出不足；既不夸大，也不缩小。只有这样才能发扬成绩，吸取教训，以利于今后工作。

### （二）理论联系实际的原则

有的班主任在总结中，罗列了大量事实、数据，缺乏具体的分析，更缺乏理论的升华；有的班主任在总结时，引经据典，却看不出他做的工作效果如何。真正好的总结，应该是有事实、有分析、有结论、有创见，对成功和失败都应该从教育理论的高度去进行分析研究。

### （三）依靠群众的原则

班级工作不仅仅是班主任一人完成的，而是在任课教师与全班学生的共同努力与相互配合下才能完成的。因此，在总结工作时，班主任不能“闭门造车”，要通过个别征求意见，或召开不同形式的座谈会等形式，广泛听取任课教师和学生的意见。总结成文后，还要交给任课教师和学生进行讨论修改，只有这样

的总结才会准确、全面而深刻。

## 四、写好班主任工作总结应注意的问题

### (一)注意积累素材

要想写好班主任工作总结,班主任平时必须注意积累素材。如把平时学生的表现、进步以及自己如何开展工作,显著的效果或失败的原因是什么,都随时记录下来。一些特别有工作经验的班主任还特意建立一本《班级工作大事记》,一本《观察日记》或《教育手册》,分门别类的记录师生活动情况。

除了积累上述实际工作中的素材以外,还要将自己平时学习教育基础理论(如《教育学》、《教育心理学》等)的心得体会,或将书中的重要理论观点记录下来。这样不仅有利于指导实际工作,而且对写好班主任工作总结大有裨益。



### (二)要加强马列主义、毛泽东思想的学习

班主任要不断提高辩证唯物主义理论水平,这样才能用马列主义的立场、观点和方法,分析和总结自己的工作。

### (三)内容要充实

所谓内容充实集中,是指从大量的选材中,找出自己体会最深,最能说明问题的内容,使总结既有实际内容,又有理论依据。例如,一位班主任在本学期转变后进生方面下的功夫最大,收效也最多,那么就可以在总结时把重点放在这个问题上。否则,海阔天空,旁征博引,工作中的好经验,则会被淹没在繁杂的材料

堆砌之中。

(四)要有创新精神

班主任要通过工作总结,阐述新观点,解决新问题,探索新途径。既要从分析典型事例中摸索班主任工作的规律,又要注意把经验上升为理论的高度,从而有利于指导今后的工作,同时也能不断提高班主任工作水平。

在2005年即将到来之际,回忆本学期所走过的路,既新鲜刺激,又充实。总结本学期工作,虽然各方面不太尽善尽美,但也取得了一定的成绩,为以后班级长远发展,打下了良好的基础,现将本学期班级工作,总结如下:

## 一、重塑班风创建文化

九月份,林老师接手了一个新的班级。如何使这些来自不同地方的学生组成的班级成为一支高效、有力的团队,是林老师当时一直深思的问题。为了解决好这个问题,林老师着重从三方面入手:一是制度的学习。入学前三周重点学习了《中学生守则》、《中学生日常行为规范》和《中学生安全教育》,使学校的基本规章制度深入每一位学生心中,从根本上减少了学生的犯错机率。二是班委的监护。依据民主投票,尽快成立了初一(5)班班委,两名班长——正班长和副班长,四名委员——学习委员、劳动委员、纪律委员和宣传委员，他们分工明确，责任到人。从而有效地保障了班内工作有条不紊的前进。三是信念的树立。林老师深深的知道，一个好的团体，除有一个好的带头人以外，还必须有它的团队信念，有它的核心价值观。前思后想，审时度势，综合把握，林老师最后决定，以“团结友爱，合作竞争，积极向上”，把它作为五班的口号。之后，林老师又把《团结就是力量》中的歌词稍微改动一下，变成新的《团结就是力量》，作为五班的班歌。口号和班歌每周一班会必喊、必唱，预示着新的一周、新的开始、新的奋斗……

## 二、做学方法中外兼顾

林老师深深知道：作为一名学生，他的天职就是学习，其成绩的好坏和学习方法非常重要。一套好的学习方法可以起到事半功倍的效果，反之就会对时间和精力造成极大的浪费。在学习上，中国人喜欢讲究人的终极关怀，重感情，重现象。因而，林老师平常一直要求学生：做学先做人，把人做好了，成绩慢慢地就会上去，否则，最终将一事无成。西方人喜欢讲究做人的技巧、方法，重理性，重逻辑。因而，平时林老师也适量给学生们介绍一些学习方法，如：“学习的革命”、“问今天”、“问明天”等等，有效地帮助了学生们的学习。

## 三、内外沟通及时家访

一件事情健康发展，需要沟通；一个团队不断前进，需要沟通。沟通是处事良方，是润滑剂。初一新生，豆蔻年华，意气风发，正处于人生的成长阶段，刚开始学习认识社会，认识人生，在日常教学中难免不会出现一些错误。但林老师始终相信，只要自己耐心，一切问题都可以迎刃而解。于是只要林老师有时间，就骑车出去转转，最多的一次，一天转了三个村，去了十三名学生的家，不是简单的应付，不是传统的告状，而是了解，是沟通，是希望家长支持、配合和监督。

## 四、合作竞争再创辉煌

一个学不算学，全班学才算学，要保证全班每一个学生都不掉队，都能够积极向上，齐头并进，就要看班里是否有一套合理的竞争机制。从期中考试以后，林老师一直在思考这个问题。前不久，才定下来并在班会上公布，决定实验，林老师把这个机制称为“金牌工程”。通过给每个人搭建一个合理的竞争平台，使其合作竞争，不断前进！

“路曼曼其修远兮，吾将上下而求索”。初一(5)班这片小舟是否能够经受起大风大浪，是否能够三年后驶向成功的彼岸，作为掌舵人，林老师是有信心的。虽然现在每走一步战战兢兢、如履薄冰，虽然以后的路扑朔迷离还不确定。但林老师相信，自己会带领着这支团队坚持走下去的。林老师也坚信，初一(5)班的明天会更好！

一定要把团队精神、团队目标的概念，输入到每一个成员身上，让他凡事以团队的利益、团队的目标为第一优先考量。

——佚名

# 指导团队活动



团队活动是学校全部教育工作不可分割的组成部分。班级里的许多工作都要通过团队组织贯彻下去,这就要求班主任善于运用团队组织的力量,推动班级工作的开展。但是,班主任和团队组织的关系不是领导和被领导的关系,而是在充分尊重他们独立性的前提下以“指导者”的身份去开展工作的。这里的“指导者”,既不能包办代替也不能放任自流,既要在思想上鼓励学生大胆开展工作,又要在工作上帮他们出主意、想办法,还要在实践中帮助他们提高能力、树立威信。具体做法如下所述:

第一,指导团队组织制定切实可行的工作计划。班主任要在了解上一级团队组织所布置的工作任务和要求的基础上,和本班团队干部一道充分分析班级的实际情况,从而制定本班团队工作计划的建议和落实工作计划的具体措施。班主任要尽量把团队工作计划和班级工作计划衔接起来,从而使团支部、少先队、班委会的工作协调一致,互相配合。

第二,指导团队干部组织团员、队员和学生学习团队章程,加深他们对团队组织的性质、任务的认识,激发他们热爱团队组织的感情,发挥他们在班级工作中的先锋模范作用。在每学期开学初,班主任应根据学校的工作计划和团委会、少先队大队部的活动计划,指导本班团队干部制定团队计划,使团队计划同班级工作计划,以及学校、团委会、少先大队的工作计划形成有机的整体。

班主任平时应抽时间列席参加定期举行的团委会和队委会,听取并共同分析团支部或中队的动向,检查和总结上一阶段的工作,讨论解决问题的方法和措施,提出今后的努力目标。

第三,指导团队组织培养、教育积极分子,启发他们向团队组织靠拢。班主任还要教育团队员关心一般同学的进步要求,并协助团队组织积极做好组织发展工作。班主任要经常和团员开展谈心活动,不断增强团员的责任感和光荣感,有意识列席他们召开的民主生活会,鼓励他们经常开展批评与自我批评,使他们成为班级工作的中坚力量,带动全班同学共同进步。

第四,指导并参与团队组织的各项活动。活动前,班主任要指导学生做好各项准备,务必注意活动的目的性和教育性。活动中,班主任要帮助学生解决工作中的困难,不仅要重视活动的形式,更要重视活动的效果。活动后,要帮助他们总结经验,在充分肯定成绩的同时,要实事求是地指出其工作中的不足,使团队干部的工作能力不断提高。选择配备好班级的团队干部,是加强班级建设的重要方面。班主任要引导本班队员、团员充分发扬民主,认真选好队委会、支委会。队委会和支委会的选举一定要让队员、团员充分发表自己的意见,要认真反复酝酿。

班主任要注意对当选干部进行教育和引导,使他们认识到自己受本班团员、队员的委托来领导团队工作,应该加强责任心,努力完成任务,不辜负团队组织和同学们对自己的期望。同时也要教育团员、队员服从组织领导,关心团队的一切事情,协助干部共同搞好团队工作。

第五,指导团队干部以身作则,严格要求自己,教育团队干部不断改进工作方法,养成良好的工作作风,热心为同学服务;对团队干部的缺点、错误要及时耐心地予以批评帮助,对他们在工作中出现的漏洞,要及时予以补救;还要指导团队干部正确处理学习与工作的关系,帮助他们解决学习和工作中的实际困难,保护并发扬团队干部工作的积极性和创造性。



第六,指导团队组织处理好团支部、队委会与班委会的关系。团队干部由团队员大会选举产生,班委会是班级学生的自治机构,由全班同学选举产生,它们之间各自独立,没有领导与被领导的关系。为此,班主任应该加强协调,比如定期召开团支委、队委和班委联席会议,以求统一认识,统一步调;如果产生矛盾,班主任应及时予以化解,以便在新的基础上达到新的团结。

总之,团队组织的活动是多种多样的,对不同形式的活动应做出不同的指导,但活动的目的性、计划性、可行性、安全性、趣味性以及学生在活动中的自主性等,基本上是一致的。班主任要在具体的指导实践中不断增长才干，提高指导能力。

为了明天的我

## 一、教育目的

为响应团中央少工委发出的“雏鹰行动”的号召，班级开展“五自”——自强、自律、自护、自学、自救活动，提高少年儿童的自我生活能力，增强少年儿童的自强自立的生存意识，使少年儿童养成健康的人格意识和良好的生存习惯，发展少年儿童的劳动能力，开拓其创造能力，将学生培养造就成一代跨世纪的合格人才。

## 二、活动准备

将本次班会的目的、内容告诉学生，将班会所需材料布置给学生。让学生准备好录音机、快板、绒线、布、纽扣、水果、水果刀、芹菜、土豆等。

## 三、活动过程

主持人：同学们，你们还记得“夏令营中的较量”那个故事吗？日本队员生了重病能继续前进，中国孩子生了病却回大本营；日本孩子能自觉保护环境，而中国孩子却随意破坏；日本队员能用香肠、黄瓜做出鲜美的晚餐，而中国孩子只能望着人家吃饭而流口水。同学们这就是中、日队员在探险夏令营中的表现。多么鲜明的对比！这对比不正是我们中华少年的耻辱吗？这对比不正是日本少年向我们提出的挑战吗？这对比不正是对我们明天的生存敲响的警钟吗？我们这一代人每天生活在父母身边，过惯了“衣来伸手、饭来张口”的生活。因此，生存与发展是我们当代少年儿童成长的重要问题。只有学会生存，学会生存的手段，我们——这些羽翼未丰的雏鹰，才能练就坚强的翅膀，使自己在将来的社会中更好地立足。针对这个问题，团中央、全国少工委向我们发出了“雏鹰行动”的号召。请听快板《雏鹰行动》。（略）

主持人：是的，我们是一只只雏鹰，飞到东，飞到西；是的，我们是一只只雏鹰，飞到北，飞到南；学生存，学创造，胸怀美好的理想，向着新世纪的太阳；学生存，学创造，做未来祖国的主人翁。请欣赏歌曲《雏鹰飞飞》。（略）

主持人：同学们，下面我们欣赏一个小品——《怪人》，这是我们小品中的主人公——毛毛（指扮演毛毛的同学）。大家欣赏之后，请回答这样一个问题：明天的毛毛为什么会变成一个怪人？

学生讨论。（略）

主持人：综合同学们的意见，归纳为一点就是毛毛不会自理。自理是全国少工委举办的以提高少年儿童生活能力、劳动能力、创造能力为宗旨的“五自”活动中的首要活动，也是培养我们少年儿童生存与发展能力的最基本的活动。自理就是要求我们少年儿童要学会料理自己的日常生活，懂得一般的生活常识，能比较熟练地解决生活中遇到的困难，能掌握基本的生活技能。下面，我们进行一次“小家务趣味运动会”，有四项内容，每项每队需派一至二名队员参赛，每项按4、3、2、1给分，得分最高的为优胜小队。

1. 捡菜：给每位参赛者发一个盘子，里面有5根芹菜，一个土豆，一把小刀。发令后，摘净芹菜，削好土豆，先完成者为胜。

2. 削苹果：给每位参赛者发给一个果盘和洗干净的苹果及水果刀。发令后，先削完者为胜，但削掉的果皮未放进果盘内的为失误。（这项要求事先不公布，以考验参赛者是否具备有良好的卫生习惯。）

3. 钉扣子：发给每个参赛者一针、一线、一扣和一块布。发令后，穿针引线，再钉好扣子，要求扣子的每一个扣眼都缝到、缝结实，先完成者为优胜。

4. 缠绒线：两人一组，发给每组一节绒线，发令后，一个张开臂撑开绒线，另一个迅速缠团，看哪组配合默契，先完成者为优胜。

比赛结束，计算每组得分，评出优胜小队。

主持人：同学们，虽然自理是少年儿童赖以生存的最基本的生活能力，但学会自律、自护、自救、自学也是我们生存不可缺少的重要条件。我们今后的路还很漫长，我们今后的生活也不会是一帆风顺，但只要我们学会生存，适应生活，就会闯过一个又一个难关。为了明天的我们，也为了我们明天的祖国，请积极开展“五自”活动，将“五自”活动的开展掀起一个高潮！请欣赏数来宝《“五自”活动掀高潮》。（略）

最后，请班主任老师做总结。

# 第三编

## 学生心灵的呵护

纵观古今中外历代名人创下的种种辉煌，无一不是高度责任感的凝聚，而社会的诸多悲剧大多是不负责产生的后果。所以，对青少年责任感的培养已经引起整个社会的高度重视。在学生时代形成的人生观、价值观、道德观将会影响到他们终身的人生旅程。

是否真有幸福并非取决于天性，而是取决于人的习惯。

——爱比克泰德

# 培养学生的好习惯



举止文明是思想品德素质和科学文化素质的外在表现。学高为师，身正为范。作为班主任，自身不仅需要高素质，而且需要掌握培养高素质人才的本领。

有人曾说："小学生相信老师，初中生相信课本，而高中生只相信自己。"中学生正处在"相信自己"这一时期。他们具有两重性，一方面渴望独立和受到尊重，希望生活在和谐、文明的环境里；另一方面又表现出不尊重别人，行为举止不文明。因此，班主任在教育学生时，除了科学管理、严格要求之外，还应有师生之间的相互尊重、相互了解，使教育成为心灵交融、相互净化的过程。

## 一、以身作则，率先垂范

班主任的一言一行无时无刻不在影响着学生。班主任应时刻注重自身修养，用自己的文明言行潜移默化影响学生。比如班主任看到地面有废物，主动地拾起放到清洁篓里，不随地吐痰，主动参与清扫，以礼貌用语与学生交往。班主任的这些行为，学生看在眼里，记在心中，因此学生逐渐形成了守时、讲卫生、讲文明用语等好习惯。

## 二、严格要求、充分尊重学生

在工作中，班主任一方面要按照国家教委颁发的《中学生日常行为规范》和学校制定的《学生德育量化考核条例》，对学生的言行、举止、着装等各方面提出了严格的要求，使学生明确“有所为，有所不为”；另一方面，也要尊重学生，尊重他们的人格，不伤害他们的自尊心，经常找学生谈心，倾听学生的意见，允许学生发表不同的见解。这样，师生之间的心灵相互交融，愿望和目标达到一致，管理工作也就得以顺利开展了。

## 三、勿以恶小而为之，勿以善小而不为

班主任对学生的教育，既要从大处着眼，进行必要的世界观、价值观、人生观和理想信念等的教育，让他们明白良好的品行是做人最基本的要求，是一个人的立身之本；又要从小处着手，向他们讲清应该怎样做，提倡什么和反对什么。这样做才能由量变到质变，养成学生良好的生活习惯和学习习惯。组织学

生制定班级量化管理条例，争当文明学生，使创建良好班风活动步步深入。利用班会时间给学生讲解基础道德和常规礼仪，开展“向不文明行为告别”等活动，让学生自觉遵守中学生日常行为规范等，以此提高学生的自律意识。通过这些学习和活动，学生明白“勿以恶小而为之，勿以善小而不为”的含义，在做人方面打下了坚实的基础。

### 四、常抓不懈，习以性成

学生的品行往往抓一下好一阵，反反复复。其根本原因就在养成习惯上，因此关键是抓养成。养成教育的过程就是不间断地有序管理的过程，也是中学生自觉地将学校的校风校纪内化为规范的过程。所以，班级里不仅要有健全、规范、严格的制度，而且通过经常召开班会和学生会、值周班参与的立体检查网，班主任能够做到常抓不懈，使学生逐步养成良好的行为习惯。



#### “小标志”在培养学生好习惯中的妙用

小学生有集体荣誉感和竞争意识，为了记录同学的成长历程，约束学生的行为，培养学生好的习惯，唐老师把班级同学分成了几个小组，并民主选出组长。根据五个好习惯的分类，同学争得不同类型的小标志，当然如果有犯错误的也要相应地扣出小标志。

然后，各小组组员得的小标志交给组长进行累计，班级的墙上贴一张：只有树干和五个好习惯分类做树冠的画，各小组选择一种水果。当同一习惯类型小标志累计10个，便在树上相应的好习惯的区域里画上本组的水果，每一个月底进行统计，看哪种水果能丰收。这是一种非常有效的约束方式，可以帮助学生改掉很多坏习惯，也让师生关系进一步和谐。

比如，唐老师班有一名同学，总是不戴红领巾，说他多次，仍不是很见效，可一开始奖惩小标志，在他们全组同学的压力下，唐老师再也不用为他的红领巾的事情操心了。同学交作业率更不用说了，偶尔有同学忘带了，也照扣不误，不是老师不讲情面，这样还可以改掉他丢三落四的毛病。在第一次单元检测的时候，考优秀的学生得到了奖励，这也大大激起了全班的学习热情。

现代教育提倡教师要有发现孩子闪光点的眼睛，而小标志制度正可以让孩子们更好的表现自己。每个同学的小标志都会在小标志的上面写上自己名字、日期和原因，每个月唐老师班里还评出班级的表现状元，进行嘉奖。

孩子贵在自我管理，奖惩小标志对习惯的养成是很好的评价方法，起到的教育作用是不可替代的。

一个人若是没有热情，他将一事无成，而热情的基点正是责任心。

——列夫·托尔斯泰

# 增强学生的责任感



日益激烈的竞争社会，对人才的要求越来越高，而事业心、责任感是每个公民应具备的基本素质，责任心的培养正在引起人们的关注。香港的董建华先生曾强调过：要增强青少年的社会责任感。美国的西点军校还将“责任”二字作为校训。不难想象，只有具备高度责任感的人才会主动承担起对家庭的责任，对社会的责任，才会努力工作，报效祖国。在德育工作班级管理中，把学生培养成为有责任感的人，是教育的关键，班主任经常对学生有目的地“呼唤责任心，培养责任感”是促进学生身心发展的捷径。

## 一、培养学生责任感的重要性

我们每一个人不可能都成功,但是不可缺少责任心。培养学生的责任心,可以说是关系到学生将来的命运,决定着学生的人生。学生责任心强,做任何事情都很负责任,非常认真,就磨炼了他们的意志,使其具备了克服困难的毅力,做事情就容易成功。学校教育的重要性就在于培养学生的责任感,作为班主任要时刻"呼唤学生的责任心,培养学生的责任感",为什么要这样做呢?

### (一)责任感是国民素质的重要标志

责任感是国民素质的一个重要方面,一个国家的公民有无责任感或责任感的强弱,都可以从这个国家的精神面貌中强烈地表现出来。在当今强调淡化荣誉感,强化责任感和使命感的同时,班主任应让学生有更多的时间和精力来履行自己的职责。有了责任感,学生才能像老一辈科学家那样把自己的学习同国家的前途命运联结起来,义无返顾地投入到学习知识和本领中去,勤奋扎实地学习、工作,长大担负起建设祖国的重任。

### (二)责任感是现代人应具备的素质

21 世纪人类将面临着各种挑战,而列为首位的是对人的道德、伦理和价值观的挑战。责任反映一个人的品质。培养责任感是一个人健康成长的必由之路,也是一个成功者的必备条件。一个人的学识、能力、才华很重要,但缺乏责任感、责任意识、责任心，就不堪任用。没有责任感的人，什么事情也难以干成，任何事情也做不好。一个人只有具备了责任心，才有了成功做事的基础和前提，才有可能收获一个成功的人生。

因此，呼唤学生的责任心，培养学生的责任感，是当前班主任刻不容缓的重要任务。每个教育工作者，尤其是作为班主任，不仅应教给学生文化知识，更重要的是教会他们做人的道理。班主任必须从点点滴滴的小事抓起，使学生逐渐做到对自己负责，对家庭负责，对班级负责，最终培养起对国家、对民族的强烈责任感，将来成为建设祖国的有用人才。为了塑造未来，班主任面临的挑战与肩负的责任将是巨大的。

## 二、学生责任感培养的方法

怎样培养学生的责任感呢？这需要班主任求真、务实，从身边的每一件小事做起，从自己身边的每一件小事做起，大到考试、比赛、升学，小到作业、卫生，班主任要认真负责地做好每一件事，逐渐养成认真负责地处理好每一件事的习惯，从而培养成为具有高度责任感的人。

1. 树立榜样。历史上无数仁人志士为国为民鞠躬尽瘁，从孙中山、毛泽东、周恩来、邓小平这样忧国忧民的卓越领导人，到董存瑞、黄继光这样杰出的战士；从焦裕禄、孔繁森这样一心为民的好干部，到我国著名教育改革家、全国优秀班主任魏书生、丁有宽这些就在眼前的优秀人民教师，他们为真理、为事业倾注了满腔热血，甚至有的献出了生命。他们是中华民族的脊梁，我们的社会因他们的存在而现光辉。学习他们的精神，将使学生产生情感的震撼。

2. 弘扬优秀传统文化。中华民族一向崇尚"国家兴亡,匹夫有责"、"以天下为己任",为国忘家、仁爱爱人、仁义礼智信的思想,这些是优秀传统道德的精华,也是我们国家历经磨难而不断奋斗崛起的最宝贵的精神财富,对于青年学生形成高风亮节和赤子情怀有很大的影响力。

3. 班主任的示范作用和人格魅力影响。班主任首先要爱学生,要有高尚的人格和品位,以对学生、对教育事业的一往情深和高度负责来感染学生,帮助学生树立品位意识,懂得高尚情感与低级趣味之分,从而培养学生对事业对他人的爱心。

4. 开展一系列献爱心活动。如支援灾区的募捐活动,爱心助学活动。某校团委坚持几年的"交一份特殊团费,助一颗求知的心"的活动已成为学校一道亮丽的风景线,同学们在付出一份爱的同时,体会到了关爱他人是幸福的,从而培养了爱心。

5. 学科教学和集体氛围熏陶。学科教学对培养学生责任心相当重要。一方面学科教学是学校主要的教育形式,是德育渗透的主渠道,班主任应结合教学内容有意识加以引导。事实上,教学中体现的科学探究精神、刻苦学习的精神以及持之以恒的习惯等,都与责任感培养密不可分。一般来说,一个有科学头脑的人,一个有较高文化素养的人,更会懂得责任的意义,也就有较强的责任感。另一方面,学生学好科学文化,掌握了专业知识,就能更好地为社会发挥作用,从而更好地承担起自己的责任。

6. 加强班集体建设,营造宽松和谐积极向上的集体氛围,培养集体精神和集体荣誉感,对于学生责任感的培养也起着较大作用。班集体有独特的教育功能，班主任要注意培养学生的主体意识，加强学生的自我教育和自我管理，鼓励每个学生在班级里找到自我，积极为集体承担责任，在班团活动中解决个人与集体的一系列矛盾，强调个人服从组织，努力为集体增光，从而逐步培养学生热爱集体、助人为乐、关爱他人、敢于负责的精神。

7. 志愿活动和社会实践锻炼。责任感若只停留在认识和情感上还不够，只有在实践中以具体行为表现出来，并形成一种稳定的行为方式与特征，才成为真正完整的责任感。所以在责任感培养中班主任要重视实践环节，让学生在责任承担中树立真正的责任意识。青年志愿者活动是个绝好的载体，它突出了“为人民服务”这个核心。这几年来许多学都校组织了多层次、多渠道的社会实践活动，比如组织在乡镇和学校调查改革开放的建设成就、教育发展的现状及问题，深入非公企业和社区开展团建的调研和指导，组织文艺骨干到企业慰问演出等等，让学生多角度、多方位地了解接触社会，从而正确把握社会发展的本质和主流，形成科学的价值观，增强历史使命感和责任感。

古人说：“一屋不扫，何以扫天下。”纵观古今中外历代名人创下的种种辉煌，无一不是高度责任感的凝聚，而社会的诸多悲剧大多是不负责产生的后果。所以，对青少年的责任感培养已经引起整个社会的高度重视，在学生时代形成的人生观、价值观、道德观将会影响到他们终身的人生旅程。心理学专家一致认为，一个人专业知识上的缺陷不一定影响他的一生，“条条道路通罗马”，而人格上的缺陷将贻害一辈子。

教育案例

## 分析血的故事，促进道德意识培养

刘老师班的学生大多是独生子女，从小一帆风顺，幸福的生活不容易让他们产生深层次的思考。刚开学的时候，刘老师发现班里有的学生对责任感问题缺乏热情，不在乎他人的感受，没有集体荣誉感。于是，刘老师就给孩子们讲了一个故事——是谁把他引向不归路。故事讲述了小海从小仗势欺人，胡作非为，虽然多次被抓，但有父母保驾，最后被判死刑，临刑前咬掉生母耳朵。那么，是谁把他引向不归路呢？

激烈的讨论开始了，同学们不约而同地指责父母对他的“爱”，指责公安机关的徇私舞弊。最后，刘老师引导学生们认识到了小海从小对自己的行为不负责才是造成今天惨痛结局的根本，一个人的责任感是与其生命及生命质量紧密相连的。这血的教训，使学生们猛醒、深思，并进而认识到对日常学习的重视和平时对集体、对亲人的关心、对同学的友爱是最起码的一种责任。

通过讨论，学生们积累了道德经验，促进了自己的道德认识，提高了道德分析能力。慢慢地，越来越多的学生会主动愉快地给父母打电话了，家长们了解孩子在校学习生活情况，也感觉孩子确实成熟懂事了。学习不好的学生也知道求助想学好了。

一个没有受到献身的热情所鼓舞的人，永远不会做出什么伟大的事情来。

——车尔尼雪夫斯基

# 培养学生的健康情感



受经济、文化、价值观念等社会因素变化的影响，紧张、焦虑、抑郁、冷漠、自卑、冲动、烦躁等不良情绪也在中学生心理中普遍存在，正视学生的这些不良情绪，分析其成因，探究行之有效的解决方法，是班主任的职责，更有利于学生健康成长。

## 一、学生不良情绪形成的原因

学生出现以上不良情绪，我们可以从家庭、学校和社会等方面找原因。

从家庭方面讲，学生所有的教育首先是从家庭开始的，而现在的家庭有一种愈来愈不稳定的趋势。由于人口的流动性强，相当一部分家庭地址变换次数增加，导致孩子适应环境的心理压力过大。现今社会，离婚率上升，家庭矛盾冲突激烈，婚外恋、傍大款这些不良社会现象的出现，影响最为直接的就是家庭和孩子，孩子在这些现象中必然情绪变化无常，心理无所适从，易产生不良情绪。在组合家庭中，家庭成员情感磨合需要一个过程，这样，青年学生会出现新的心理不平衡。所以，家庭的不稳定是当今青少年产生心理障碍的一项主要原因。另外，正常的家庭中也存在教育方法不当的问题，有的家长对孩子溺爱，有的家庭对学生期望值过高，这都有可能导致学生不良情绪的产生，特别是在广大农村，青壮年外出打工的多，而那些“留守孩子”往往由祖父母抚养，隔代教育的结果也极易造成学生心理偏差。

从学校方面讲，学生在校学习，生活在一个集体里，学习任务重，竞争也比较激烈，压力大，如果班主任不加以正确引导，学生就不可避免地出现心理偏差，出现一些不良情绪。

从社会环境讲，社会上的不正之风，甚至丑恶现象与学校正面的、积极向上的教育会形成反差，这容易使学生自我迷失甚至怀疑学校教育，怀疑自己，因而有些学生选择沉迷于网络、厌倦学习。娱乐市场上宣扬的早恋、凶杀、色情、暴力，某些不法分子引诱、教唆青少年追求一些腐朽、堕落的东西，都有可能使学生产生一些不良情绪，甚至走向犯罪道路。

## 二、消除学生不良情绪的方法

消除不良心理，培养学生健康情绪，除了社会、学校、家庭采用一些常规方法外，班主任可以采取以下相应措施：

一是培养学生爱父母、爱家的感情。让其学会感恩，有效地改善家庭的气氛，使其情绪得到良好的感染。为此学校方面也应与家长沟通，建立起稳定的沟通渠道，如实行家访制、家长会制、家长协会制，及时通过家长学校传授给家长们一些与子女沟通感情的方法，以便父母能及时有效地掌握学生情绪动向，采取相应的措施。实践证明，这是很有效的方法。

二是学校教育。情绪具有较强的感染性，青少年的情绪特别容易受感染，所以，班主任要以饱满的热情在生活上去关怀学生，在学习上耐心细致地指导学生、帮助学生，在进行思想教育时动之以情、晓之以理。教师尤其是班主任在任何情况下都要保持一种稳定，积极、开朗、乐观的心情。

三是培养优良的校风、班风。学校是由班集体构成的，良好的校风，取决于优良的班风。因此，班主任要充分发挥班集体的多功能，利用班集体活动目标的诱惑力，使学生获得安全感，满足其自我认识、自我实现的需要，以尊重他人和自尊的需要，特别是求知求美的需要，以增强其抵抗社会不良习气的能力。要利用班集体的凝聚力，培养学生的团队精神，形成学生的从众行为，以减轻其心理负担，增强其归属感，同时也为学生将来走进社会、适应社会环境奠定良好的心理基础。良好的班风还能让学生正确认识班集体中合理的竞争与正常的冲突，使学生对竞争与冲突产生积极的心理效应——如增强团结，增强对班集体的责任心、义务感，增强个人利益服从集体利益的观念，摆正个人与集体的关系，减少产生不良情绪的可能。

四是班主任要从个人道德修养入手，努力提高自身素质，以具有高尚的道德修养和健全的人格。要培养一名身体健康、精神愉快、心理健康、行为举止受人欢迎、智慧聪颖、具有潜在发展能力全面发展的学生,最重要的心理前提是为他提供充分的与成人交往的机会和条件。在学校,班主任高尚的道德修养和健全的人格是学生心理取向的榜样,要充分利用班主任的人格魅力去影响学生,以帮助学生克服不良情绪,形成健全的人格。

综上所述,重视情感教育,从情感教育入手,是培养学生健康情绪的行之有效的方法和途径。

教育案例

## 体验——培养孩子健康情感的良方

双休日的一天,李先生骑车带小雷到公园里玩。看完各种动物的表演,小雷十分兴奋。回家的路上行人稀少,李先生问道:“你觉得骑车有意思吗?”小雷说:“没骑过,不知道是否有意思。”李先生问小雷想不想试一下,小雷高兴地表示同意。于是李先生骑坐到后车架上,双手伸直了把住车把,小雷跨到大梁上骑车,凭自己的操作使自行车滚滚向前,小雷自然兴趣陡生。可小雷毕竟还小,骑过800米后就有些体力不支了,额头上渗出了小汗珠。最后他喘着粗气停下来,好奇地问:“爸爸,你骑车带我上学也这么费力吗?”李先生说:“尽管我力气大些,不过每天也都挺累,尤其是上坡时更费力气。”

星期一李先生照常骑车带儿子上学,骑到一个上坡处时,坐在后边的小雷忽然跳下来,用一双小手推起车来,李先生心满意足,真诚地说了一句:“谢谢儿子,你现在知道关心别人了,我太高兴了。”

小雷为什么变了?是专家教给李先生的方法起了效果——让孩子多体验。体验到别人的疾苦,才能激起爱心或同情心,从而设身处地为别人着想。

我深信，只有能够激发学生去进行自我教育才是真正的教育。

——苏霍姆林斯基

# 培养学生的自我教育能力



当前,思想品德课堂教学如何适应现代素质教育,使学生全面的、生动的、主动的、和谐的、健康的发展,充分发挥学生自我教育在思想品德课堂教学中的作用,已成为该学科教学之必须,形势发展之必然。那么,思想品德课堂教学中,如何发挥学生自我教育作用,其方法与途径很多,它贯穿于思想品德课堂教学知、情、意、行的全过程,归结起来主要应当在发挥自我激励、自我认识、自我实践、自我评价、自我调控五个系列教育作用上狠下功夫。

## 一、发挥自我激励的教育作用

激励动机是自我教育的动力。心理学认为,动机是直接推动一个人进行活动的内部动力因素。它是需要的具体表现,或者说是需要的动态表现。激发学生自我教育的动机是把社会需要的正确的道德准则和行为规范要求转化为学生主动地接受教育的精神需要,学生就能主动、自觉、努力、积极地接受教育和进行自我教育。

1. 教学目标激励。没有目标就没有奋斗的方向和动力。班主任要利用教学目标的激励作用去激发学生不断向上,追求目标,取得进步。

2. 教材激励。教材是教师教育学生的依据和具体内容。教材本身就具有极强的教育性和激励性,班主任要善于发挥教材的教育激励因素,使之产生教育的激励作用。

3. 典型激励。典型的素材、典型的人物及典型事例,同样具有极强的激励作用,能发人深省,催人奋进。班主任在教学中,要凭借教材中典型的人和事,以及教材外相关的典型的人和事去激励学生,产生自我激励教育作用。

4. 开展竞争激励。班主任要有意识地培养学生的竞争意识,有意识地配合教学开展思想品德和良好行为习惯的竞争竞赛活动,以产生自我激励教育作用。

## 二、发挥自我认识的教育作用

"人贵有自知之明",自我认识是自我教育的基础。一个人只有对自我有一个正确的认识、了解,明白自我的特点,如长处、短处、优点、缺点、成绩和不足等,才有可能进行自我教育。

1. 自我思考。曾子曰:"吾日三省吾身。"意在说明一个人要经常自我思考、检讨、总结,以便弃旧图新、取长补短、发扬成绩、纠正错误、不断进步。在思想品德课堂教学中，班主任应按照思想道德行为准则，引导学生进行自我思考，进行正确、全面的自我认识、了解，发挥自我教育作用。

2. 自我介绍。班主任要结合思想品德课堂教学活动，恰当引导学生针对相关联的主题，介绍自己的认识、看法、体会、感受和思想行为，从而发挥自我教育作用。

3. 自我检讨。常言说："自己脸上的火墨自己是看不到的。"这句话是根据人们一般只片面地看到自己的优点，看不到自己的缺点而总结出来的。班主任在教学中要对照道德行为规范，鼓励学生学习联盟，大胆自我检讨，以达到自我认识、教育之目的。

## 三、发挥自我实践的教育作用

实践活动是学生自我教育的基本途径。学生的品德认识、品德观念只有通过实践的深化、检验，才能真正成为学生的品德行为和习惯，任何能力的形成与发展都离不开实践活动，自我教育活动亦不例外。

1. 自我体验活动。班主任通过对教材的讲解以及学生对教材的理解，使学生对道德观点、道德品质、道德行为有了明确的认识。在此基础上指导学生自我进行参观、访问、社会调查、评论，以期通过自我体验活动，达到对这种观点、品质、行为深化、巩固之目的。

2. 自我训练活动。班主任有目的、有针对性地结合教材，组织学生参加公益活动、义务劳动、生产、服务劳动等实践活动，进行自我训练，从而产生自我教育作用。

3. 自我节律活动。班主任结合教材、学生守则和日常行为规范等内容要求，指导学生制定自我节律约束的规章制度，自我规范执行，以此进行自我教育。

## 四、发挥自我评价的教育作用

自我评价是发挥学生自我教育作用的综合性的集中体现。班主任要恰当地引导学生积极参与这一自我教育活动，发挥自我教育作用。

1. 组织自我评述活动。班主任结合教学，组织学生对某一观点或某一品德行为进行自我评述，从中进行自我教育。

2. 组织自我评判活动。在教学中，班主任对照有关内容，组织并要求学生能够比较客观、公正地对自己的品德行为进行自我评判。

3. 组织自我鉴定活动。组织学生自我评述、自我评判，并在此基础上进行自我鉴定，明白自己思想品德行为中存在的优点和缺点以及今后努力的方向。

## 五、发挥自我调控的教育作用

调控是教育活动的重要组成部分，学生的品德教育与学生自我的品德教育都离不开调控作用的发挥。

1. 对品德行为反复的调控。小学生在接受思想品德教育的过程中，良好的思想品德行为接受易、养成难。因此，必然会出现反复现象。这就需要班主任引导学生及时发现，并及时自我调控，得到巩固、提高。

2. 对遭受挫折失败的调控。学生的思想品德行为偶受挫折或失败，同样是客观的存在。班主任贵在要及时鼓励学生勇于接受现实，并善于采取自我调控措施，变被动为主动，变失败为成功。

3. 对发展与提高的调控。学生通过接受教育，当其在某些方面有所进步时，容易产生自满情绪，对此班主任要时时提防，并且及时提醒学生要谦虚、谨慎，克服自满情绪，在成绩面前应提出更高奋斗目标，力争在原有的基础上不断发展、进步和提高。

总之，学生自我教育的作用如何发挥，发挥得如何，关键在于班主任的引导。只要班主任对学生引导得法、得当，必将产生事半功倍的育人效果，不仅如此，还将对学生的终身自我教育产生深远影响。班主任教育学生的时间是短暂的，而学生自己教育自己的时间则是长久的。因此，在思想品德课堂教学中，应当充分发挥学生自我教育的作用。

### 小学生自我意识辅导案例

就小学生而言，他们正处于自我意识的萌芽期、发展期，他们的自我意识往往不完善，再加上意志、思维等发展的局限性，有时会使得消极的自我一时占了上风，表现出较多的惰性和消极性。因此有必要训练他们正视并接受全部的自我，最终发展积极的自我，克服消极自我的阻碍作用，从而达到完善自我的目的。

## 一、目的要求

1. 通过活动，使小学生认识到自我的两个方面，即积极自我和消极自我，从而丰富小学生的自我认识。

2. 通过活动，帮助小学生完善自我，朝着积极的自我方向努力。课前准备寻找事例、投影片。

3. 辅导方法：表演法、讨论法、评价法。

## 二、操作过程

1. 导入新课

班主任：在我们的生活、学习中，有没有发生过这样的情况：当你做一件事拿不定主意时，脑子里就会出现两种念头。例如，遇到数学难题时，一个念头是“克服它，我能行”，另一个念头是“太难了，放弃算了”。有这种现象的同学请举手，并说说你遇到的问题。



首先由学生自由发言，再由班主任引入主题：当遇到出现两个“我”的时候，到底听哪一个“我”呢？用什么方法使得这两个“我”协调呢？这就是今天我们要讨论的主题。

2. 课堂操作

(1)请同学们拿出纸和笔，选取生活、学习中的一件事，具体写出内心冲突时两个自我的对话。①出示投影片。一种自我认为：学琴可以陶冶情操、增长知识，再苦也要坚持。一种自我认为：学琴减少了玩的时间，有时还会影响学习，算了，不练了。②角色扮演：同桌两人,各扮演一个自我的角色,两人商议出两个自我都同意的解决矛盾的办法。(班主任巡视,适当引导。)③交流,评议。

(2)班主任小结:经慎重的考虑,大家得出了最佳的方法来协调两个自我,使事情处理得非常圆满。所以我们拿不定主意的时候,首先要考虑清楚,再下结论。(板书:考虑清楚,再下结论)

(3)如今商议已有结果,但要完成并不容易,请同学制订一份"自我契约"来督促自己协调好矛盾。(板书:自订契约,督促自我)①解释"自我契约":督促、检查自我的条文。②方法:做到了,怎样进行自我"奖赏";做不到,又怎样进行自我"惩罚"。③自订契约。④交流、修改。

(4)深化训练。①每个同学把前面讨论到自己遇到事情时的两种自我的情况考虑清楚,请两个自我坐下来商议,得出两个自我都同意的解决矛盾的方法,并制订一份契约来督促检查自我。②思考,得出结论,并制订契约。③以四人为一小组讨论,互出主意。④集体交流。

总结和建议:通过这节课的讨论,学生们知道了每个人都会遇到两个自我发生矛盾的时候。在这个时候,一定要考虑清楚,才能作出决定,同时要制订一份自我契约来督促、检查自我。相信如果以后学生们遇到了类似情况,一定会处理得很圆满。

自信是成功的第一秘诀。

——爱迪生

# 帮助学生树立自信心

帮助学生树立自信心,班主任要教会学生:



**一、目标适度**

具有自信的人,总是在审慎权衡主客观条件的基础上,定出经过一定努力即可实现的目标。所定目标既不过高,也不过低,期望过高,总是达不到,有损自信;期望过低,不费吹灰之力即能达到,自然谈不上树立自信心。



**二、学会比较,尝试成功**

学习成绩优秀的学生,一般都具有十足的自信心;而所谓差生,则多为屡遭失败者,他们几乎都缺乏应有的自信心。这里面有一个原因:一事当前,往往横向比较——与优秀生比。比的结果就是老不如人。其实不妨换一种比较方法,用纵向比较——与自己的过去比,以便感知自己的进步和成功。大科学家爱因斯坦读小学的时候,有一次上完劳作课,同学们都交上了自己的作品,唯独爱因斯坦没有交,直到第二天,他才送来一只做得很粗陋的小板凳。老师看了很不满意,说:“我想,世界上不会有比这更坏的小板凳了……”爱因斯坦回答说:“有的。”他不慌不忙的从课桌下面拿出两只小板凳,举起左手的小板凳说:“这是我第一次做的。”又举起右手的小板凳说:“这是我第二次做的,刚才交的是我第三次做的。虽然不能使人满意,但总比这两只强一些。”爱因斯坦的自信就是在纵向比较中树立起来的。

### 三、具有乐观的情绪

乐观是人们对事业前途充满信心的一种精神面貌,是成功者具有的品质。一般地说,具有自信心的人,总是乐观主义者。在学习生活中,无论多么艰难困苦,他们都会体验到无比的快乐,看到光明的前途。正是这种乐观的情绪,使他们的自信心逐步得到发展与巩固。

自信心与乐观情绪相互促进这一特点,在古今中外追求真理的思想家、科学家身上表现得十分明显。

伟大的科学家伽利略宣传哥白尼的日心说,反对教皇宣扬的地心说,受到了罗马宗教裁判所的审讯,当法庭宣判他“有罪”之后,伽利略却仍坚持说:“不管怎样,地球仍在转动!”我国古代伟大史学家司马迁遭受奇耻大辱的腐刑之后,他依然满怀信心热情洋溢地撰写《史记》，最终用 15 年的时间完成了这部巨著。

## 四、具有坚强的毅力

爱迪生认为自信和坚强意志是伟大人物最明显的标志，他说：“不管环境变换到何种地步，他的初衷与希望仍不会有丝毫改变，而终于克服障碍，以达到期望的目的。”

自信心强的人，一般总具有坚强的毅力，毅力又总是同精力结合在一起构成意志坚定性的品质。一个具有坚强毅力的人，他不会因成功而骄傲，也不会因失败而气馁；成功能催其不断奋进，失败也能使他再接再励。

毅力与自信心，也是相互促进的。我国著名文学家蒲松龄科举落第后写下一幅自勉联：“有志者，事竟成，破釜沉舟，百二秦关终属楚；苦心人，天不负，卧薪尝胆，三千越甲可吞吴。”他落第不落志，反而信心百倍地要干一番事业，坚持不懈地从事文学创作，终于写出了不朽杰作《聊斋志异》。

英国剑桥大学教授霍金被认为是继爱因斯坦以来人类最伟大的物理学家之一。霍金在 20 多岁的时候患了一种肌肉退化病，这种病平均只能再活两年半。一年内，他就由能骑自行车退化到要靠手杖而行。渐渐地，又全身瘫痪，能动的只剩下右手三个指头，可霍金却奇迹般地活了下来。霍金写作全凭这三个指头在电脑上选拼，造个句子要几分钟，然后再通过“声音合成器”变成讲稿，完成一小时的讲稿往往要花十几天工夫。但霍金凭着坚定的信念支持苦干几十年，在天体物理领域取得了惊人的成就。他所著的《时间简史》一书，译成了 31 种文字，畅销至 600 万册。他坐着轮椅走遍世界进行讲演，前几年曾到过中国。霍金干瘪的身体像个木乃伊，然而有人说，他是“轮椅上的巨人”。

这样的例子太感人了，它告诉我们，坚定的信念和顽强的毅力对人的事业乃至生命有多么重要的作用。

**教育案例**

每个教师在班级授课的时候，都会遇到学生差异的问题，而且大都会不自觉的将学生分为“好、中、差”。教师总认为“好”学生不启就发，“中”学生启了就发，“差”学生千启不发。尤其在对待后进生问题上，教师通常是批评多于表扬，纠正多于鼓励，抵御多于引导，所以他们的自信心易向两个极端发展，或自卑或逆反。陈老师接任五年级后，遇到这样一位同学，上课随心所欲，贪玩不听讲，作业不上交。对于这种情况，陈老师只好请他到办公室谈心，可他一进办公室就产生抵触情绪，眼不正视，脖子歪拧，不论你说什么，一律不出声，对陈老师的教育左耳进右耳出。

因此，陈老师考虑换个环境。一次放学，陈老师正好在学校操场碰到他，于是抓住机会提出与他聊天，开始他仍不出声，任由陈老师说，渐渐他发现陈老师既不谈他的表现，又不谈他的学习，只是说些生活趣事，他便也来了兴趣，时而插几句话。这次聊了半小时，虽然没有多大收获,但陈老师发现他对陈老师产生了信任,再见时已不抵触。经过几次这样的交流,陈老师了解到他对问题有自己的看法,他的个性强,但是学习差,在老师同学面前缺乏自信,所以产生逆反情绪。于是陈老师从他的思想抓起,鼓励他从感兴趣的科目学起,每当他成绩有进步时,陈老师都会略带夸张地表扬他。渐渐地,陈老师发现他找到了自信和感觉,削弱了逆反情绪,平时他能主动为班级做事了,而且和其他同学的关系也融洽了许多。

培养人，就是培养他对前途的希望。

——马卡连柯

# 消除学生的厌学情绪

厌学就是不喜欢学习,缺乏学习的心理动力,对学习产生抵触情绪和厌烦心理,不能自觉、主动地学习。

## 一、学生厌学的一般特征

一般表现为讨厌课本,畏惧老师,上课易走神、打瞌睡;不喜欢讨论学习问题,更不愿向老师同学求教;作业不能及时完成,情绪低落,闷闷不乐;怕考试,考前常睡不着觉,吃不下饭,甚至无故缺考,常找借口躲在家中,出现逃避行为。

## 二、厌学对策

1. 树立信心。厌学的学生在学习上既有困难,又有潜能。

因此，班主任的首要工作是转变观念，正确地对待厌学的学生，认真分析其原因，有意识地“偏爱”，允许他们在学习上的反复，从中激发他们对学习的自信心，并创造条件，让这些学生体验到成功的喜悦。因为厌学的学生通常在平常的学习中很少受到老师的肯定和鼓励，因此要积极创造条件，充分地鼓励肯定他们的成绩，促使他们对学习产生兴趣，让他们在学习上获得成功，使他们感到自己能学好。

2. 实行“降低要求，放慢速度、多次反复”的课堂教学方法。帮助学习困难的学生树立学习的信心，为他们学好准备条件，但单靠有信心还是学不好的。如果学生没有产生一种自己能学好的切身感觉和兴趣，那么这种信心就不会持久。因此，在帮助学生树立起学习的自信心的同时，更重要的工作是创造条件，使学习困难的学生真正地学习和掌握大纲教材所要求的知识，让他们感到自己是学得好的。



由于多数厌学的学生基础较差，因此教学起点必须低，教学法中应降低要求。教学步子要放慢，使学生学习有进展，每时每刻都有积极学习的心态。班主任对于厌学的学生在作业、练习、测验中存在的问题，应采用集体、个别相结合，或将问题渗透在以后的教学过程中等手断进行反馈、矫正和强化；同时班主任还要根据反馈得到的信息，随时调整教学要求、教学进度和教学手断。由于及时反馈，避免了课后大面积补课，提高了课堂教学的效率，这样可把学生取得的进步变成有形的事实，使之受到激励，乐于接受下一次学习，又可以通过信息的反馈传递进一步校正或强化。

3. 解决学习中的具体困难。每一个厌学的学生实际困难不尽相同,应分别研究,制订计划,一一解决。以学习英语为例,学生的共同困难主要有:音标记不牢,拼读能力差,记不住单词,缺乏必要的语法知识。由于音标记不牢,无法根据音标拼读单词,有的学生只好用汉字注音,导致单词念不准,只能死记硬背,随着单词量的增多,学生越来越感到头痛,失去了信心,终至厌学。为此,班主任应着重给他们补一些必要的语音知识,强化音标学习,学生掌握了拼读能力,就会提高单词的记忆效率。此外还要教一些巧记单词的方法。例如:bright,聪明、伶俐,用顺口溜方式教给学生记忆,"right 前加 b,聪明又伶俐"。还可利用笑话材料记忆单词,例如,课本中有个法国人买咳嗽药的笑话。读过这笑话的人,大多不会再把 cough (/kof/咳嗽)读成 cow(/kau/母牛)的音了吧!利用集中识词,把有规律的单词集中在一起强化记忆:例,先记 ace/eis/,接着在 ace 前加上 f 即 face,让学生拼读/feis/;在 ace 前加上 pl 即 place,让学生拼读/pleis/等。

4. 多表扬少批评。厌学学生往往贪玩、好动、懒惰而又好表扬自己,班主任应抓住他们这些弱点,变缺点为优点。因此,当他们回答问题时,就应该抓住时机启发他们,只要他(她)开口,就要给予肯定表扬。例如,"Good""OK""Yes,sit down,please."等,此时他们的心里肯定特别得高兴!其次在作业方面也得鼓励,有位学生成绩较差,但书法很好,作业字写得漂亮工整,就应该给他评上"GOOD、BETTER、BEST"等字样。由于好胜心的驱使,得到了老师地表扬有利于提高他们学习自觉性,克服厌学的心理。

5. 开展丰富多彩的课外活动。班主任要经常深入班级了解学生情况，注意观察学生心理变化动态，发现厌学苗头及时查找原因。根据学生的特点经常搞一些课外活动，如唱英语歌曲、猜谜语、值日生汇报、表演短剧、出英语墙报等活动，通过课外实践活动，使学生真正体会到运用英语进行交际的乐趣，使英语学习渗透到日常课余之中，在娱乐中充实了知识，学到了课堂上学不到的东西，更加激发学生学英语的热情，对防止厌学会起很重要的作用。

**教育案例**

小杰是一个小学三年级的学生，他的父亲是一家商店的副经理，由于工作繁忙，经常出差在外，他的母亲在物资回收公司工作，因为要照顾家里的老人，中午经常不回自己的家吃饭，很少有时间关心小杰的学习情况。小杰的父母文化程度都不高，即使想为小杰补习功课，也是力不从心。

上一、二年级的时候，小杰的学习成绩还算可以。但是从三年级开始，他的学习成绩迅速下滑，语文成绩从原来的 90 多分降至 80 分左右，数学成绩从原来的 90 分上下降到及格线的边缘。看着孩子学习成绩迅速下降，小杰的父母非常着急。他的父亲脾气暴躁，气极了就揍，有时打得孩子胳膊、腿到处是伤，伤口好久不能愈合。小杰的母亲心疼孩子，多次找班主任求助。班主任似有成见，认分不认人。时间一长，小杰的父母与班主任之间关系冷淡，而且对班主任的意见很大。

这些因素综合在一起,导致小杰产生了强烈的厌学情绪。小杰觉得再怎么学也白搭了,有时一提学习就头痛,但他对画画颇感兴趣。小杰的母亲带他到医院检查,却查不出什么毛病。万般无奈之际,来到心理咨询中心求助。

通过以上描述,可以把小杰的厌学情绪主要归因于学习成绩下降以及父亲的粗暴体罚。经过咨询中心老师的智力测查,证明这个孩子智力没有什么问题,属中等水平。但在口头随机检查时,发现小杰的可逆性思维较差,对有关数概念的相互关系搞不清楚,这可能与其知识的漏洞有一定关系。

根据上述分析,我们给出如下建议:

(一)杜绝粗暴体罚,给孩子应有的爱和关心,努力创造温暖、和谐的家庭气氛。

(二)鼓励孩子发展特长(绘画),通过特长显露使孩子体验成功的欢乐,并促成其兴趣向课程学习迁移。督促孩子养成良好的学习习惯,掌握科学的学习方法(如添置错题备忘本,经常归纳、分析错题的原因,并定期重做),增强学习的信心。

(三)必要时可聘家庭教师为孩子补课。如能请到任课教师利用星期天或寒暑假为孩子个别辅导,这不但有助于调动孩子学习的积极性,也有助于密切家长与教师的关系。

捧着一颗心来，不带半根草去。

——陶行知

# 疏通学生的心理障碍



对于中小学生来说，学习心理偏常、失调与心理障碍主要有九种表现症状：幼稚、好动、贪玩、不肯学习的滞留心理；不肯动脑独立思考、靠老师和同学帮助的依赖心理；对某门学科不感兴趣、不爱学、不愿学的偏科心理；学习情绪不稳定、学习成绩时好时差的波动心理；对学习持有忧愁、烦躁、恐慌和惧怕的焦虑心理；容易自我满足、不求进取的餍足心理；自认为无能、不如他人、自己轻视自己的自卑心理；视学习为学生的负担、讨厌学习、最好不要读书的厌学心理；为性发育苦恼、好奇或对异性好感引起情绪不稳以致影响学习的青春期困扰心理。这些表现症状在不同的学生身上可呈现出不同的组合，在特殊环境与事件上也可呈现并发的现象。

学生学习心理从稍有偏常、失调到形成心理障碍是有一个发展过程的，只要及时用适当的形式进行辅导、帮助即可矫正和排除。班主任应在实践中采用顺应学生心理规律的对策来帮助学生矫正学习心理偏常、消除学生学习心理障碍。

## 一、建立良好的学习环境和心理环境

1. 加强教学管理，让学生成为学习的主人。班主任要进一步端正教学的指导思想，全面实施素质教育，不断改革课堂教学，合理安排课程内容，减轻学生负担，解放学生的时间和空间，改善学习环境，让学生学得生动、主动些，成为学习的主人。

2. 提高师生对心理健康的认识，建立良好的心理环境。心理健康只能靠健康的心理去培育。班主任首先要矫正自己在教学中的心理偏常与障碍的干扰，保持良好的心态，客观公正地对待每一个学生，帮助学生认识自己、发展自己。

为了提高对学生心理健康的认识，班主任可以开设心理辅导讲座，印发初中生心理健康的标准让学生自行对照，努力帮助学生排解学习上的困难，积极开展辅导活动。同时教育学生防止心理压力或不良的心理情绪影响自己的学习，帮助学生掌握一些自我防御的方法。

## 二、顺应心理规律给学生创造成功的机会

1. 顺应从众心理，提出统一要求促使具有心理失调和厌学心理障碍的学生在群体统一要求的压力下，在健康舆论的氛围中，自觉调节和改变不良的学习行为。班主任提出的统一要求

须随不同的学科特点和教学阶段不同从低到高，从易到难循序渐进，不能脱离学生的可接受性，要让学生尝到成功的喜悦和体验。

2. 顺应个性差异，实行因材施教。在统一要求中必须细心地注意个性的差异、心理发育的跨度、接受能力的强弱，做好个别工作。要放下班主任的架子，尊重亲近体谅学习有困难的学生，寻找一切机会和方式方法，顺应学生个性心理特点，努力使他们真正学会学懂。具体操作中最需要的是不怕反复、持之以恒，让多次的学会学懂积累巩固成可观的进步，让学生尝到“我也行”的成功的喜悦来增强学习的自信心，从而消除学习心理上的障碍。

3. 顺应好动心理，激活成功心态。通过开展多项活动，给学生提供表现自己才能与爱好的机会，可以在心理上对学生在学习上的失落给予一种补偿性的满足与平衡，激活他们想在学习上取得成功的跃跃欲试的心态及其连锁反应。在具体操作中要有针对性地从不同角度运用被激活的成功心态提高其学习的积极性，辅之学习上的个别辅导帮助使之获得进步的体验，逐步消除学习上的障碍。

4. 顺应期望心理，让每个学生都能从班主任那里得到应有的期望，让每个学生公平地积极参加每个教学活动并能充分地表现自己，促使学生的学习行为朝着积极的方向发展。具体操作中要找准起点，师生情感融洽，学生才能顺着班主任的期望，挖掘自己的潜能，配合班主任期望扬长避短而做出努力，达到班主任期望的要求与目的，矫正不健康的学习心理。

## 三、有针对性地实施心理辅导

对学习心理偏常、失调或已成为障碍的学生必须有针对性地实施心理辅导,而且方法需因人因时因地因事而异。

1. 激励方法。心理学家的实验表明,一个人在一般情况下只能发挥其能力的20% ~30%,如果受到充分激励后可发挥到80% ~90%。班主任在心理辅导时就应采用此法使学生对自己有一定的信心和追求。在操作中有目标激励、情感激励、榜样激励和教师行为激励,从近期开始一步步向中期远期前进。起点低易做到,以情感沟通鼓励作为手段,以情感化。

2. 认知改变方法。初中生处在心理断乳期,人生观、世界观尚未完全确立,对社会上的人与事还处于一知半解的状态,认识上带有很大的片面性,行为上带有盲目性,必须通过班主任正确灌输、耐心引导来帮助他们提高认知水平,改变原有的片面幼稚甚至错误的看法,通过理性的思考进行反思来改变原先的情感与行为,矫正学习心理的偏常,消除障碍。

3. 行为改变方法。人们的行为是通过后天学习获得的,不良行为是在不利的环境条件下不适当学习的结果。如果改变不良环境条件,采取一些强化训练的治疗措施,可以矫正人的不良或不正常的行为,达到适应环境的目的。在具体操作中要注意迎合学生的两个心理期待的需要:一是情感期待。初中学生心理比较脆弱,特别是有心理障碍的学生,有希望被班主任理解的强烈愿望,班主任如能对他们多尊重关心理解体谅些、他们情感上的期待就会得到满足。心灵就易沟通。二是评价期待。有心理障碍的学生学习上不如其他同学，班主任不能一叶遮目否定其其他方面的优点与特长，要有一个合乎实际的正确评价，才能对促使学生的心理健康起积极的作用。否则只能起负作用，要想改变不良的行为矫正心理问题也只能成空想。班主任采用的行为改变方法有以下几种：

(1)强化：利用积极或消极的强化方法，培育良好行为，消除不良行为。积极的强化又称为正强化，学生总是求上进的，发现学习心理有障碍的学生稍有一点进步，就加以适当的鼓励和赞美，来肯定巩固他们取得的一点进步。运用批评惩罚的负强化是消极的强化，要考虑学生的心理承受能力，与人为善，注意弄清事实，不说过头话。

(2)暗示：是指在无对抗态度条件下，用含蓄间接或不明显的方式向学生发出某种信息。学生感知信息后顺从地产生心理和行为的附和，产生与暗示者期望相一致的结果。暗示的方式较多，效果也很好。在课堂教学与作业过程中都可以用暗示的方法使学生的心理或行为得到调整。

(3)榜样示范：是由辅导教师示范正确行为或取同学正确的行为作榜样，以供需矫正心理障碍的学生模仿学习。对于有波动、依赖、厌学等障碍的学生来说，自我调控能力不强，情绪不够稳定，需有正确的示范作为参照为稳定情绪做向导，促使其改变不良行为，养成良好的学习习惯。

(4)自信的训练：通过帮助学生不断增强学习信心，以此达到矫正学习不良行为的一种心理治疗方法。第一，班主任要帮学生找出学习上的不良行为。第二，让学生为自身学习正确行为定个参照榜样。第三，订出近期努力计划，用新的学习态度与方法去实施。第四，每天自我评估、每周找谈话听汇报再建新的行为目标。

小仪是一个从河南来的外地学生，在学校里是出了名的调皮鬼，上课坐不住，手和脚总是没有停下来的时候。最令人气愤的是，他的脾气很倔强。只要是他自己不愿意做的事情，爸爸妈妈再怎么说都没有用，如果说话的语气重一点，他就发脾气、不吃饭、不睡觉、不理人。有一次，由于妈妈不肯给他买电动玩具，他竟然离家出走了！在班主任老师和家长寻找了整整五小时之后，终于在一间旧房子的一个角落里找到了他，那时他已经哭得筋疲力尽，可是还是不肯回家。他的爸爸忍无可忍，狠狠地打了他一顿，最后小仪还是被强行抱回了家。

[措施]

家庭是小学生成长的根本环境，它是人生中最先接受教化的地方。家庭中不同的教育方式会培养出孩子不同的心理品质和个性。班主任赵老师认为可以从以下几个方面来着手。

1. 民主平等，培养独立的人格。学生虽然是小孩，但是他们也有独立的人格。班主任与学生要建立一种亲密的平等的朋友关系，要相信学生有独立处理事情的能力。学生遇到困难失败时，要帮助他们分析原因，明辨是非，以正确的态度去对待。当然，对学生的不合理要求和不良行为班主任不能过于迁就，要通过适当的说服、诱导的方法进行疏导。

2. 懂得表扬孩子，适当地肯定孩子。恰当的表扬不但可以使学生看到自己的长处和优点，激励其进取和自信，而且还会起到对学生思想行为的导向作用。所以班主任要善于发现学生身上细微的进步，了解他们的长处和优点。当发现他们的优点时，不论大小，都要给予肯定和表扬。有时这一细微的表扬也会起到很大的作用，有时甚至会改变其一生。

3. 善于倾听，建立良好关系。不管学生的想法是否正确，班主任都应该让学生把自己的想法表达出来。多听听学生说话，当他们认为班主任是可亲近、可信任的时候，他们就会畅所欲言。当他们的想法与自己的想法不一致时，也不可一口否认，而应说出自己的想法，并对他加以辅导，最后达成一致。

# 第四编

## 魅力教育的艺术

欣赏是有效实施教育的态度，是有效教育的重要途径之一。在学会倾听的基础上，欣赏学生，不仅包含了对学生的理解和宽容，更重要的是把学生当做正常的人一样；不仅欣赏优秀学生的优秀品质，而且要学会欣赏学生的缺点和失误。

随机应变是一条原则，也是一种态度。

——佚名

# 增强自己的应变能力



作为一名班主任最重要的能力是处理突发事件的能力。班主任处理突发事件,既要有丰富的教学经验,又要有敏捷的思维品质和娴熟的教育技巧;既要对突发事件做出迅速准确的分析和判断,又要有一定的胆识和决策能力。具体说,班主任应变能力主要表现在以下三个方面:

## 一、当怒不怒的自控能力

突如其来的偶发事件,往往让人十分恼火,此时,班主任的一定要保持冷静,要有当怒不怒的自控能力,要控制自己的情感,千万不能动怒发火。例如,在自己处于愤怒激动状态时,要能及时觉察、提醒自己延迟自己的教育行为,等到情绪稳定以后，想出较佳的策略再处理，这样可以避免自己与学生之间的冲突。在情绪低落时，可以听听音乐或进行一些户外运动，以排解内心阴云般的情绪。面对压力时，可将压力看成是激励自我进步的动力；如果压力太大，难以承受，可以寻求适当的方式来释放宣泄，避免被压力所击倒。对于不可避免的压力，就要欣然接受，可以试着去想：事情最糟糕也不过如此，如果再自己跟自己过不去，只能使事情变得更糟。这样一想，情绪就会随之转好。

## 二、准确快速的判断力

突发事件出现后，要求班主任迅速选择正确的方法予以解决，这种选择来源于班主任对突发事件原因的分析和判断。准确的判断是班主任应变能力的基础。

突发事件尽管在一定程度上具有偶然性，但是，在这偶然背后总有一个必然。像一些意外伤害事故，是由于学生好胜逞能爱表现自己造成的；班级里丢东西，可能是因为青少年开玩笑所致。有些突发事件是由于某种潜伏因素的作用，在一定的场合爆发的结果，如师生的顶牛现象，不少是因以前师生发生矛盾而未能很好解决所造成的。因此，突发事件发生后，班主任必须对事件的原因进行周密的分析，做出准确的判断，并想出不同的处理方法。

## 三、审时度势的应变能力

变通是应变能力的最主要的特点。班主任面对突发事件，要根据对事件原因的分析和对学生的影响程度确定解决方案，

以达到因材施教的目的。如变指令为参谋，变对立为友善，变贬低为褒扬，变直截了当为迂回等等。在运用语言艺术上，班主任应采用直话弯说、急话缓说、硬话软说、正话反说、严话宽说等变通方法。总之，变通的要诀是避其锋芒，欲扬先抑，欲进先退，以智取胜。

**教育案例**

一名班主任在准备给学生上数学课之时，突然发现学生们都在看外面，原来外面下起了鹅毛大雪。班主任当机立断，决定暂停上课，带着学生到室外去欣赏雪景。对于班主任来说，虽然这节课受到损失，但是与学生的距离却一下子拉近了。学生的需求得到了满足，反而激发了学习的动机，以后对待数学的态度有了改变，数学成绩反而提高了。

教师当然须教，而尤宜致力于『导』。导者，多方设法，使学生能逐渐自求得之，卒底于不待教师教授之谓也。

——叶圣陶

# 处理好偶发事件



课堂中经常会出现一些的偶发事件，此时班主任如何正确处理好事件，如何运用教学机智，将课堂中遇到的问题或尴尬因势利导，含蓄、幽默地使自己暂时摆脱窘境，消除影响教学的不利因素，而保证课堂教学过程顺利地进行下去的能力，就显得尤为重要。

## 一、处理好偶发事件的原则

对于偶发事件，班主任要本着教育学生、促进班级工作和学生身心健康发展的原则，迅速控制事态的发展，机智的采取不同的方法来处理。要是全班出现的问题，班主任要当时处理；要是个别学生的问题，班主任要私下处理；课上的问题，课下处理。

## 二、处理好偶发事件的方法

班主任必须要沉着冷静，机智果断。如果一遇到事情就大发雷霆，失去理智，班主任就没有时间思考，也就不能选择最佳的处理问题的方法，同时也会使全班学生的思想和注意力集中到这个事件上，容易激发师生之间的矛盾，有损班主任的形象。班主任遇到偶发事件要有超乎寻常的克制力，具有很强的心理承受力，应机智果断，尽可能地把当事人的感情平静下来，为下一步思考问题的解决赢得时间。

班主任处理问题要公正、就事论事，以事实为依据来化解矛盾。不管事情是发生在学生与学生之间，还是学生与老师之间，班主任都要充分调查，了解事实的真相，公平公正地处理问题。班主任不能偏心，不能以老眼光看人，以势压人，降低班主任在学生心中的威信。在寻求事件处理办法时，班主任可征求学生、家长和校领导的意见，使偶发事件在必然的结果中得到解决。只有做到这一点，才是处理好偶发事件的有效策略。



班主任要积极疏导，抓住教育学生的契机。偶发事件的发生必然是由于班主任平时疏于对某些学生品德、心理进行教育，使得事情在一定的潜在期后，遇到适应的时间、场合引起的。所以班主任在解决问题时要善于发现学生的闪光点，鼓励学生用优点克服缺点，不要背思想包袱，启发学生进行自我教育。

总之，班主任对偶发事件地处理，可以体现一名教师的师德、教育机智、理论修养的水平；同时，每次偶发事件的正确处理也是对班主任的一次锤炼。所以，班主任需要在不断的实践中寻找出具体的、生动的、行之有效的工作方法，只有这样班主任才会把工作越做越好。

王老师新接一个班，有一天，在上最后一节课的时候，没上多久就传来了学生们轻轻准备饭盒子的声音，王老师没作声，继续讲课。正当王老师讲到精彩之处的时候，有个同学的饭盒子突然掉在了地上，发出了很大的声音。同学愣住了，不知如何是好，尤其不知这个新班主任会如何处理这件事。王老师却只是笑着说："很好，居然还有人给我加这么重的一个着重号，因为这个知识点刚好是本节课的重点。"于是大家笑笑，在轻松愉快的氛围中继续上课。

不好的教师是给学生传授真理，好的教师是使学生找寻真理。

——第斯多惠

# 教会学生如何学习

有没有正确的学习方法直接影响学生学习效率的高低，班主任必须重视对学生学习方法的指导。学会学习至关重要，因此班主任在平时的班级管理中，主要从以下几个方面进行指导。

## 一、制定合理的学习计划

帮助学生设定一个目标，并制定学习计划。目标要切实可行，既不高不可攀，也不要毫无吸引力。学习计划要坚持执行，每天都不放松，并及时发现学生的进步，给予鼓励，使他们能体验付出的回报、成功的喜悦；在他们遇到困难时，及时帮助他们，鼓起他们战胜困难的勇气。

## 二、必要的课前预习

中国有句古话:“凡事预则立,不预则废。”这句话强调的是不管做什么事,要事先有充分的准备。学生学习课程知识,课前预习,既是心理准备,也是学习内容的准备。

预习的方法:认真阅读教材,了解教材内容,思考重要内容,发现学习难点,做好听讲的准备。文科课程要利用工具书自己解决字词,读懂基本内容。理科中的定义、定理和例题,要着重思考,看是否明白,并将预习中的收获和疑点圈划标注出来。

## 三、听好45分钟的课

学生在学习过程中,会不会听讲是很重要的,有了预习的基础,在心理上就会有一种想听听教师讲的内容跟自己的理解是否一样的欲望。上课时,学生要跟着老师的思路走,眼、耳、心、脑、手并用,排除内部、外部的干扰,用自制力和意志力形成自始至终的良好状态。



## 四、提高作业质量

要看清楚,抄准题,理清思路,一次做对,认真检查。有的学生只顾应付作业,马马虎虎做题,写一步想一步,像挤牙膏似地把作业做完,有的干脆照抄答案,这样是不能收到效果的。

## 五、及时纠正错题

让学生准备一个错题集,并取一个有趣的名字,如“拦路虎乐园”、“错题大聚合”。方法是:先将错题抄上,将错的地方标注出来，再用正确的方法做一遍，再把错误的原因写出来，是审题不准、粗心大意、没掌握内容还是步骤不对。阶段复习时，错题集就是最好的辅导资料，学生就可以有的放矢地温习知识。

### 六、做读书笔记和摘记

方法是：①记下书名作者，②采摘生字、新词及佳句，③记录主要人物和主要内容，④在书上批注，⑤列提纲，⑥写读后感。所读书目可以让学生自己选择，也可是教师推荐，只要坚持下去，学生积累资料的能力、阅读能力、归纳能力、表达能力都会有明显的提高。

### 七、学会使用工具书

孟子说："工欲善其事，必先利其器。"在学习中，字典、词典就是学生的"利器"，学生要学会利用这些无声的老师，养成习惯。



### 八、掌握阅读方法

学会初读—精读—熟读的步骤，学会读不同文章的方法，并能够"读懂一篇，能及多篇"，举一反三，触类旁通。

### 九、学会多种思维方法

让学生掌握多种思维方法，发展学生思维能力，也是方法指导的一项重要内容。指导学生将所学知识进行分类、比较、分析、综合、归纳等一些逻辑思维的基本方法，也让学生学会求异思维、发散思维、辩证思维方法，使他们思维更加灵活。

方法指导的过程是个持之以恒的过程，班主任和学生必须有耐心，并能够真诚地交流沟通。班主任要及时地总结指导，并有相应的奖励制度，使学生体验到正确的学习方法带来的喜悦，从而增强其学习的自信。如此循环往复，学生渐渐地养成了良好的学习习惯，离成功也就越来越近。

教育案例

通过问题诱导启发，教学生学会学习。

作为一个教师，课堂提问是教师课堂教学的一个重要手段。一节课当中，一个教师提问十几个人是非常普遍的，提问也是对教师课堂教学评价的一个重要要素，但是课堂提问却有优劣之分，以高二数学课为例：

上了高中二年级，学生们就要学不等式的性质。不等式的性质是不等式的“游戏规则”，违反了这个“规则”就会犯错误。如果老师在课堂上这样提问：“我们在课本上学了几个性质？”请一个学生来回答，学生答：“八个。”老师表扬他并让他坐下，又问：“是哪八个性质呢？”又请一个学生回答，如果这个学生回答了四个，老师就板起面孔，训斥一顿，要求学生必须背住八个性质。大家想，如果换一种提问，情况又会如何？比如老师问：“请大家看看课本中讲了几条不等式的几何性质，这些性质又是怎样的一个逻辑结构，这个结构又是用一个什么样的线索编制而成的，请你用你喜欢的方式做出回答。”而这个问题可以作为课前预习问题留给学生，上课的时候同学们可以尽情得来开展他们自己的工作，只要结构正确，表现形式有特色，无论完整还是不完整，老师都给予表扬和鼓励。这样一种设问方式就不仅仅拘泥于学生背住八个性质，而是教给学生一个学习方法，提示一个思维的主题，留下一个广阔的思考空间，课上提供给学生一个展现自我的机会。这样一种设问应该说是积极的，也符合目前素质教育的宗旨。

如果在后续课上教师继续提问："不等式的八个性质之间的逻辑结构有什么特点，不等式还有很多性质，像$A>B$，且$C>D$的话，那么$A-D>B-C$了，这也对呀，那么为什么不把它作为性质列在课本里头，你能否把这八个性质编制成另一个便于记忆的结构呢？"然后让同学们展开讨论，各个小组来报告自己的想法。这样一种设问方法可以教会学生如何思考。



学生在校学习期间，教师的提问影响深远。如果提问是优秀的，那么学生在这样的环境下成长，他的素质就会得到提高。一个优秀的提问应该具有这样一些特点：第一，能够激发学生的学习兴趣；第二，能够启迪学生的思维；第三，在设问中能够提供给学生思维和学习方法；第四，能够诱导学生深入地探索；第五，能够留有广阔的遐想空间；第六，符合可接受性的原则。

疾学在于尊师，师尊则言信矣，道论矣。

——《吕氏春秋·劝学》

# 处理好学生与任课教师的矛盾

班主任工作是学校工作的主要部分，班主任工作的好坏直接影响到学校的校风、班级的班风和学校的生存与发展，因此，班主任工作对学校起着至关重要的作用。班主任工作是一项特别繁琐的工作，班主任除了要处理班级和学生的事情，还要处理学生与任课教师之间所产生的矛盾。如果这个矛盾处理得不好，不仅会得罪任课老师，影响任课老师的情绪和威信；而且还会伤害学生的自尊心，影响学生的学习积极性。针对这种情况，班主任可以采用以下方式促进学生和任课教师的关系：

1. 召开班会介绍任课教师情况

每一位任课教师都会有自己独特的教学风格，这是教师教学思想、教学艺术特点的综合表现，如有的教师循循善诱，巧于设疑;有的教师善于论证,有严密的逻辑思维能力和逻辑说服力;有的教师语言风趣,富有幽默感;有的教师个性开朗活泼;有的寡言少语,不善交际等等。每个教师又由于教学年限的不同积累了不同程度的教学经验,取得了不同的教学成绩,这一切都会给学生留下深刻印象,对教学效果产生不同程度的影响。所以班主任应该向全班学生介绍每位任课教师的情况,让学生在课前对教师的教学年限、教学特长、教学习惯、教学态度和以往教学成绩有一个大概的了解,这样也就便于师生双方尽快地相互适应。

2. 召开班级教师会议介绍本班学生情况

开学前,班主任向任课教师作班级情况的综合介绍,让各任课教师对学生各方面的情况有个概括性的了解,如班级总学生数(男女生所占比例),本学期班级工作计划,学生总的学习情况及思想、纪律表现,班干部的配备,有无新转来的学生及特殊学生,学生家庭概况等。这样做的目的是为了帮助任课教师制定出针对本班特点的各学科教育计划。



开学后,班主任可以分别向任课教师介绍学生的个别特点和爱好,以便各任课教师的工作有的放矢,因材施教。同时,班主任还可以定期召开班级任课教师会议,介绍前一阶段本班学生各方面的发展情况,学生向任课教师所提出的要求,班级下阶段工作的内容,听取任课教师对学生情况的反映和对班级工作的意见。各任课教师可以互通情况,对学生和班集体进行集体诊断,形成综合意见。

经验丰富的老教师一般都能自行处理好与学生之间的矛

盾，但一些年轻教师，很多时候与学生在课堂上产生矛盾后，由于经验不足，会使问题激化，最终还得由班主任或者学校出面去解决问题。

学生犯错后，由于对自己的过失认识不够，老师批评教育他，他心里并不服，有时还控制不住自己的情绪，顶撞老师，从而和老师发生矛盾。尤其是在课堂上，自己当众挨了批评，自尊心又强，很容易冲动。

学生与老师发生矛盾后，会产生很大的压力，心里总会胡思乱想，甚至会认为这位老师对自己有成见，故意找自己的茬，结果不认真地学这门学科。因为学生与老师有了隔阂，所以也就无法与该老师沟通。这就需要班主任架起沟通的桥梁，帮助学生处理与老师发生的矛盾。

作为班主任要及时、妥善处理任课教师和学生的矛盾，可以采取如下措施：

1. 弄清情况，了解产生矛盾的原因，对不同的矛盾采取不同的方法去解决。学生与教师之间的矛盾很多是由于信息不通，缺乏相互的了解引起的。如作业量过重、考试科目过于集中、教学进度过快、学生与教师发生顶撞等等。例如，有一个小男孩原来上课很不专心，爱做小动作，经班主任的教育有了很大改变，并积极要求上进。一天，他发着高烧，仍然坚持到校上课。但在数学课上，数学老师看到他一会儿吃东西、一会儿又爬在桌上，就认为他“旧病复发”，然后严厉地指责了他。学生不服气，与教师顶撞起来，影响了课堂教学的进行。班主任知道后，找这个学生谈心。当了解到他带病坚持上课时班主任表扬了他的上进精神，同时提出上课吃药，老师批评你吃东西并没有错，“药”也是东西嘛。班主任建议他应该主动向老师说明情况，无理地对待教师是不对的。学生想通了，主动向数学老师说明了情况，并请求老师的谅解。老师深受感动，师生间的隔阂消除了。

师生之间的矛盾有因学生故意顽皮捣蛋引起的，也有因任课教师教育观点、教育方法不妥引起的。对于无理取闹甚至侮辱教师的学生，班主任要弄清情况，采取正确的教育方法，及时教育帮助。对于任课教师的错误作法，班主任既不能不分是非，压服学生接受；也不能简单急躁，在学生面前批评任课教师的不是，而应通过谈心和任课教师交换看法，统一思想，正确处理；同时，还要教育学生正确对待任课教师，谅解教师的一些做法。

2. 班主任要帮助任课教师让其自己处理好与学生的矛盾。有的任课教师往往把在班级教学和教育工作中出的问题推给班主任；有的班主任对班上的大小问题都乐于自己处理。两种做法都是欠妥的。任课教师把自己应管的事推给班主任处理，这样做就是放弃了任课教师的育人工作，降低了自己在学生中的威信。学生们很重视自己在班主任面前的表现，希望自己在班主任心目中留下印象，但是他们毕竟年少，自控能力差，在班级上出现些问题，犯些过错是不可避免的。任课教师把这些事情向班主任“告状”，容易使学生产生抵触情绪，感到任课教师不负责任，没本事，会失去对任课教师的信任感。而班主任乐于处理任课教师在教学中的问题，这不仅使自己容易陷于事务堆中，也影响了任课教师建立威信。班上出了问题，有了矛盾，最好的办法是由任课教师自行及时解决。这样可提高学生对教师的信任感，提高教师在学生心目中的地位。如果问题在处理上有一定难度，班主任应和其一起商量对策，由任课教师去执行。对于学生的违纪事件不要小题大作，也不要放任不管，该批评的给予适当的批评；有的问题要找学生个别谈心，给予疏导，必要时也可以“家访”。

3. 任课教师处理好与学生的矛盾的关系还在于可以树立正确的教育观。任课教师只有树立教书育人、热爱学生、民主平等和为人师表的观念和作风，才能正确地对待学生，促进他们健康成长。

总之，一个班主任在遇到上面这些类似的事情时，一定要冷静、艺术地处理好学生与科任教师的关系。在不伤害学生自尊心的同时教育他们，要让学生充分地信赖老师，从而树立起老师在学生心目中的威信，以达到任课教师教得舒心，学生学得开心的效果。只有这样才能将班上的学生和任课教师凝聚成一个完美、和谐的整体，从而提高班级的教学质量。只有班主任和任课老师团结一致，相互协作，在教育过程中积极主动地发挥教书育人的作用，使班级内部的教育力量得到统一，那么班级的教育工作定会产生明显的成效。如果各吹各的号，各擂各的鼓，则会严重地影响集体的建设，影响学生德智体诸方面的发展。

教育案例

有一次，郑老师班的学生李海在物理课上与老师发生了矛盾。因为郑老师平时和学生关系相处得较好，学生都把她当朋友，所以下课后李海找到郑老师，把课上的事情告诉了郑老师，问她怎么办。郑老师首先感谢他对自己的信任，然后问他对这件事的看法。他已认识到自己做得不对。郑老师告诉他，既然认识到自己的错误，就应主动和物理老师沟通。但李海却不想主动找老师，一个原因是怕老师不理解他，对他有成见。郑老师告诉他，没有任何一位老师对学生有成见，打消了他的顾虑。第二个原因是李海不好意思，怕别人笑话。郑老师告诉他，向老师道歉，没人笑话，而且大家会认为做得好。在郑老师的努力下，李海放学后主动找到物理老师，圆满地解决了这个矛盾。

万人操弓，共射一招，招无不中。

——《吕氏春秋》

# 处理好与学生家长的关系

班主任应处理好这几种关系：班主任与学生之间的关系、任课老师与学生之间的关系、班主任与学生家长的关系，处理好这几种关系是做好班级工作的前提。

现在的家长和老师在某种程度上关系有点紧张，不太正常，家长和老师因为学生的成绩问题、行为习惯问题、责任感、公德心等一系列问题而相互埋怨，这样的关系影响了对学生的培养。在新的社会环境下应加强与家长的沟通和交往，在交往中尊重家长、善待家长，班主任要确立以下几点意识：

首先，班主任要树立服务意识。现在有的学校很多学生是交了比较多的择校费进来上学的，在家长的意识里“我交了择校费就应有相应的服务”；但老师还有传统的教育观念，学生是来

求学的，“求学”即为学生要主动，老师可以居高临下。其实老师要转变观念，要有主动意识、服务意识。

其次，班主任要有尊重学生家长的意识。尊重学生家长是处理好班主任与学生家长关系的首要条件，要尊重学生家长的人格，不能说侮辱学生家长人格的话。现就“请学生家长到校沟通有关学生在校问题”这一问题谈一下。不论在什么情况下班主任请家长到校，都应主动给家长让座、倒水，特别是学生犯错误时要求学生家长到校时更应注意这一点。在学生犯错误要求学生家长到校的情况下，应注意以下几点：第一，如果自己能联系上的就自己联系，主动联系以表明老师的诚意和态度。第二，学生家长来校以后不应该当着学生家长的面训斥孩子，不管怎么样，听别人训斥自己的孩子肯定不好受。第三，可先把家长叫出办公室，在一个单独的环境里向学生家长说明情况，形成一致意见。在学生犯错误解决问题的时候，顾及家长的面子，尊重家长的感受，有利于教师和家长形成合力，共同完成对学生的教育。另外，现在的学生家长很多都有很高的学历，有很高的认识水平和管理孩子的水平，如能经常征求并尊重学生家长的意见，会让家长觉得班主任比较民主、诚实可信，有利于班主任和家长的联系沟通。



最后，班主任与家长联系沟通要有理性的意识。班主任与学生家长交流要避免随意性和情绪化。班主任和家长交谈前要详细想好约见家长的主题和目的，注意从多方面收集学生的信息，设计和家长交谈如何切入主题、如何结束，如何谈学生的优点和问题，总结自己在交谈时方法是否得当，还要考虑如何向学生和其他教师反馈约见家长的情况,最后要思考自己以后在和家长交谈时需要改进和注意的方面。在和家长交谈的时候,不管学生的表现如何,应首先讲出学生的三条优点,任何一个学生家长都会喜欢别人说自己孩子的好,几句夸奖的话会拉近与家长的距离。在和家长交谈的时候,班主任还要注意善于倾听,家长没有把自己的想法说出来那根本就不是交流。有时候多说不如少说,这样可以营造平等的谈话气氛,以便班主任从中获得对学生的有价值的认识。

此外,与学生家长交往时班主任应多考虑家长的困难,多提管理学生的建议。有些学生的家长大多四十多岁,上有老、下有小,家里的老人有时候身体不好需要照顾,如再加上孩子成绩不好又不听话,这时学生家长心理会很苦闷。作为班主任应该从成人的角度和家长多交流,替他们分担一些心理上的负担,这样有利于促进与家长之间的沟通。和学生家长交流沟通本着诚恳的态度,注意沟通的方法和技巧,就一定能获得比较好的效果,就一定有利于学生的发展。



班主任和学生家长联系交往时主要有以下几种具体的形式:

## 一、家访

蒙台梭利说:“教育就是激发生命,充实生命,协助孩子们用自己的力量生存下去,并帮助他们发展这种精神。”成长中的孩子,在他们的身上每时每刻都会发生变化,有时,这种变化是截然相反的。孩子是变化发展的,教师和家长的观念是否跟得上孩子的变化发展呢?

父母是孩于的第一任老师,家庭教育对孩子的成长有着举足轻重的作用。学校教育需要家长的配合,班主任工作更需要家长的信任和支持。有些学生家长认为:孩子上学了,孩子的教育就全交给学校了;还有些家长望子成龙心切,把自己的思想完全地强加于孩子。班主任是孩子学校生活的教育者,而父母是孩子家庭生活的教育者,为了孩子,班主任要与家长相互沟通思想,共同寻求教育孩子的最佳方法,共同承担起教育孩子的重任。在教育过程中班主任若能取得家长们的积极配合,对学生的教育可起到事半功倍的作用。

怎样才能与家长沟通思想共同探讨教育孩子的最佳方法呢?那就是做好家访。怎样才能做好家访、怎样让家长、学生欢迎你家访呢?



### (一)家访必须做好充分的准备工作

班主任家访前应针对此次家访目的进行充分的“备课”。

1.“备”学生

班主任在家访前应尽可能多地了解被访学生在校的思想表现、各科学习成绩、兴趣爱好、习惯、与同学的相处情况等,以便家访时能信手拈来,游刃有余。这样,家长会认为:老师在我们孩子身上下的功夫不少啊,比我们家长更了解孩子,感激之情油然而生,彼此间的情感距离一下拉近了。

2.“备”家长

要使家访显效果,班主任也应该了解一下被访家庭,掌握一些背景资料:家长的职业、学历、性格,兴趣爱好、家庭关系,对子女的教育观等,以便在交谈时因人而异,灵活运用合适的谈话方式。

3.“备”自身

“知己知彼,百战不殆”,有了明确的家访目标,有了充分的家访材料,班主任还得整理一下自己的思绪,从哪里切入,先说什么,后说什么,重点是什么,内心还得打好腹稿,若毫无准备,随心所欲,其结果是既浪费了时间,又不能很好地解决问题。

### (二)对学生进行家访亦应注意如下几个问题

1. 一般家访前班主任要打个电话进行预约,让家长有个心理准备,而且班主任还得根据各自的情绪和事情的轻重缓急选取时机。对于那些生活上有特殊困难或生病不能到校的,此时他们最需要老师的关怀,倘若老师能带上一两个同学及时家访,送上一些可口的食品,说上一些贴心的话语,会让家长和孩子感激万分,下一步的管理工作也就迎刃而解了,师生的情感有了进一步的加深。

2. 不宜在学生出现问题时才去家访。班主任家访的目的,是与学生家长进行沟通,让家长了解孩子在校的学习、生活情况,同时,班主任也通过与家长的交谈,更进一步了解学生在家的学习、生活情况,使教师有针对性地对学生进行教育。但是,班主任家访时更要抓住时机,讲究交谈的艺术性,避免让家长或学生误认为班主任的家访是向家长告状,那将会适得其反。长期以来,班主任的家访工作有所失误——要不就是不进行家访,要不就是等学生犯错误时才匆匆忙忙向家长“汇报”。这样在家长心目中形成了一种错误的认识——学生犯了错误时才来家访。家访是班主任工作的一部分,应该贯彻在每个学期的教育过程中。班主任在家访时宜采取闲聊的方式进行,在日常交谈中取得应有的效果。不宜过于严肃,更不宜在学生出现问题时才去家访。因此,班主任的家访要选择合适的时间,如在学生生病、受伤或家中遇到困难时,班主任的出现,关爱的眼神,亲切的问候,一定能起到用言语所不能及的效果,教育的目的也会在不知不觉中达到了。

3. 班主任宜个人进行家访,不宜多人集体家访。班主任的家访,目的是为了了解学生在家庭中的表现和取得家长的支持,若班主任个人单独去进行家访的话更能取得家长的信任;若集体家访会给家长一定的心理压力,并且会给家长不良的感觉——这只不过是学校工作的一种形式。因此,得不到应有的效果。单独的家访,班主任能够与家长建立私人感情,从而取得家长的支持和理解。

4. 家访时宜树立家长对孩子的信心。每个学生都希望得到班主任的表扬或鼓励,因此,当学生有了进步或在某一方面取得了一定的成绩时,班主任都要发自内心地进行赞扬,由衷地表示祝贺,并通过家访的形式告诉家长,使学生感受到自身的成就感,那么,他的学习会更加努力,他的思想会更加进步。同时,家长也会分享孩子的快乐,会更加关注孩子,关注学校。在家访中班主任宜与家长共同商洽教育学生的方法,树立家长对教育子女的信心,而不宜过多地指出学生的错误,削弱家长对子女的信心。

对于那些正“东窗事发”的问题生，班主任家访的步子可以稍稍缓一下，因为此时的学生狼狈不堪，可能会遭到气急败坏的父母的棍棒教育。若家访老师在第一时间赶到，会让双方都显得很尴尬没面子，只有等他们都冷静下来，家访工作才可以进行。

### （三）言语诚恳，讲究说话技巧

成功的家访首先是让家长接纳你，信任你。因此见面的讲话显得非常重要，谈话时一定要恳切真诚，采用商量口吻，不用“命令式”“批斗式”，让学生家长感受到家访班主任的诚意，在不便正面表达本意时，应采用委婉的语气侧面表述。

心理学家说过，“人类本质中最殷切的需求是渴望被肯定”。家访时班主任可以从表扬孩子的优点着手，打开说话局面，例如有一位班主任家访时说：“小明同学平时在校劳动积极，是个‘能手’；体育优秀，是个‘强手’；工作出色，是个‘好手’；若能在学习上多那么一点点……就是个名副其实的‘多面手’了。”家长问：“老师啊，这孩子平时在学习上怎么啦，你尽管说。”于是这位班主任就一五一十地把张同学平时在学习上的一串毛病撒了出来：课上睡觉，作业马虎，常有漏缺、抄袭现象，不记单词，不背课文，成绩退步，红分闪闪……在这位班主任平静的叙述中，家长意识到了问题的严重性，忙着向班主任找对策，水到渠成，于是这位班主任又把事先准备好的合理化建议拿出来给家长作参考。顺利地家访过后，小明同学有了很大的进步，他的爸爸妈妈每次见到这位班主任,眼神里都会流露出一种超出寻常的感激与尊重。

所以班主任在家访过程中,要注意根据不同的家庭类型采取不同的交谈方式:

1. 对于有教养的家庭,尽可能将学生的表现据实向家长反映,主动请他们提出教育的措施,认真倾听他们的意见,充分肯定和采纳他们合理化建设,并适时提出自己的看法,和学生家长一起,同心协力,共同做好对学生的教育工作。

2. 对于溺爱型的家庭,交谈时,更应先肯定学生的长处,对学生的良好表现予以真挚的赞赏和表场,然后再适时指出学生的不足。要充分尊重学生家长的感情,肯定家长热爱子女的正确性,使对方在心理上能接纳你的意见。同时,也要用恳切的语言指出溺爱对孩子成长的危害,耐心热情地帮助和说服家长采取正确的方式来教育子女,启发家长实事求是地反映学生的情况,千万不要袒护自己的子女,因溺爱而隐瞒子女的过失。



3. 对于放任不管型的家庭,班主任在家访时要多报喜,少报忧,使学生家长认识到孩子的发展前途,激发家长对孩子的爱心和期望心理,改变对子女放任不管的态度,吸引他们主动参与对孩子的教育活动。同时,还要委婉地向家长指出放任不管对孩子的影响,使家长明白,孩子生长在一个缺乏爱心的家庭是很痛苦的,从而增强家长对子女的关心程度,加强家长与子女间的感情,为学生的良好发展创造一个合适的环境。

## 二、与家长的书面联系

家庭访问,一般耗费时间较多,适用于离校较近的学生家庭。由于班主任工作很忙，家访时间有限，加上目前学校班型较大，不便于对所有的学生都采用家访的形式。对于离校较远或家长工作很忙的家庭，可采取书信的方式与家长取得联系，把学生的表现和学校的要求及个人的想法告诉家长，并要求家长反馈学生在家庭中的情况，征求家长对学校工作的意见，请求家长协助学校进行教育工作。对于个别学生，因有些问题面谈反而效果不佳，也可以采用这种方式。由于书面联系有充分的思考余地，有些不便当面表达的情感，可以在纸上充分流露，往往一封满怀深情、诚挚感人的书信也可对家长产生强有力的影响。

书面联系是大面积、高效率、常规性联系学生家庭的方式，但是也有其局限性，有时了解的情况不够直接和全面。书面联系，通常以“告家长书”、家庭联系卡（或本）、成绩通知单、周记、考试卷等形式进行。

采用书面联系这种方式，班主任应该注意所谈的内容要具体、单一，不可太复杂或笼统。可针对学生情况书写简明扼要的意见、建议和要求，并请家长附注意见。可能引起家长反感的内容，可能导致家长对孩子发火的内容，可能对孩子教育产生负面影响的内容，比较复杂的内容，不要写进“书面”中去。



## 三、定期召开家长会

家长会是广泛联系家长，解决普遍性问题，吸引家长参加学校教育的重要方式。一般由班主任发起并组织，在学期初、学期中、学期末举行，邀请全体家长参加。

开学的家长会可介绍班级工作计划，提出对学生的要求和希望；期中的家长会，主要报告开学以来的教育教学情况，学生存在的倾向性问题和下一段工作安排等；期末的家长会，主要报告工作总结，指导家长帮助学生过好假期等。如有重要情况需要家长知道，也可临时安排家长会。根据会议的内容不同，家长会可以采取以下几种形式：

1. 班主任报告会。主要由班主任介绍情况，家长了解有关信息，不进行讨论。在家长会上，班主任应向家长报告本班的教育教学情况，提出教育学生的意见和要求，征求学生家长的意见，动员家长协助学校搞好对学生的教育工作。

2. 经验交流会。由家长交流教育子女、协同学校进行工作的心得、体会，班主任小结，也可以请家长介绍教育子女的经验等。

3. 学习成果展览会或学习成绩汇报会。学生以实物或文字语言向家长汇报自己的成绩和进步，以使家长了解学生，使学生彼此促进。这类家长会的形式，可以适当灵活一些，丰富多样，不必千篇一律，不必恪守一种模式。如举行学生成果展览、文娱表演，由学生代表向家长汇报班级同学的学习、思想、生活情况等，使家长们看到子女在各方面的成长，从而更好地配合学校的工作。

4. 家长—班主任恳谈会。这种家长会与上述三种家长会的不同之处是，不是邀请全体家长参加，而是只邀请有关家长参加，就某些学生的专门问题进行协调讨论，统一认识，寻求教育良方。

要开好家长会，目的、要求一定要明确，选时要恰当，会议的内容应事先书面通知，要经过充分的准备，并要妥善确定开会时间，力争使绝大多数的家长都能参加。同时，会议的召开要准时，不拖拉。班主任一定要有发言，班主任的发言，要充分体现对家长的尊重和对学生的热爱，引发家长的共鸣。这样才能取得预期的效果。

好好利用家长会的时间，可以大面积地争取家长对班主任工作的信任和支持。家长会是一次集中学生家长到校进行的一次会议，利用得好，可使家长在短时间内了解学校的各种教育意图和家长应配合学校工作的各个方面，同时也可对学生进行一次较全面的教育。当然，若组织不好，会提供让家长们集体发牢骚的机会。所以，在组织召开家长会时，班主任必须注意如下几点：

1. 作为班主任，在召开家长会之前一定要准备好发言稿，最好将其当作一节“公开课”积极备课，严格确定主题内容。比如在家长会上，事先思考了一些家庭教育存在的薄弱环节，选取“家长应如何教育于女”的主题，同家长们共同探讨有关教育子女的方法、经验，会取得非常好的效果。

2. 班主任应该在家长会进行当中，控制好整个会议进程，不要让家长过多去发泄平时的不满，从而造成负面的影响，而对班主任工作产生不良的效应。这就要求班主任在控制议程中，多举些与主题有关的正面事例来引起家长的思考、讲座从而让家长达成必须想办法教育子女的共识。

3. 有必要的话，应该让学生与家长同时出席家长会。对学生的教育不是一朝一夕的事，必须通过家庭与学校相互协作才能取得好的效果。当然,除了上述的方法外,还有其他方式方法可以取得家长对班主任工作的信任和支持。

家长会是连接学校与家庭之间桥梁的最佳途径。作为班主任,首先要摆正位置,不要以为家长会是学校的事,班主任只要随便讲几句就可以了,如果这样想的话,那么召开家长会就会失去意义。家长满怀希望来到学校,更想了解孩子在班内的一系列表现,班主任应做好充分准备。首先必须得感谢家长光临,这是对班主任工作的支持。从理解教育的角度来说,首先要理解家长的心情,尤其是后进生家长的心情,所以在家长会上应尽可能以表扬为主,把班级中好的一方面予以展示,给予表扬。对班级工作出色的、期中考试中成绩突出的、进步明显的、运动会上表现突出的……均要予以表扬,让家长有自豪感,有成功的喜悦。同时委婉地指出存在的问题,提出一些改变孩子缺点的良好建议。千万不能点名,只说现象;有些问题突出的,班主任老师可在会后进行个别交流。



**四、利用家长学校与家长沟通**

家长学校是近年在我国产生的新事物。它的任务是帮助家长掌握和了解教育理论,提高教育水平,保持学校教育与家庭教育的和谐一致。

由于历史原因,我国的家长普遍没有接受过教育学、心理学知识,班主任可以利用家长学校,为家长举办各种教育讲座,帮助家长了解孩子的生理、心理特点,掌握正确的教育方式,协调和促进学校与社会、学校与家庭的联系,达到全面培养人才的目的。

在家长学校，班主任可以做心理学、教育学方面的专题讲座，使家长掌握系统的心理学、教育学知识。这既有利于提高家庭教育的整体水平，又能让家长了解班主任责任感，佩服班主任的业务水平，因而更主动、更有效地配合班主任的工作。

教育案例

## 家访是家庭与学校沟通的桥梁

小振是杨老师班的双差生。他不仅成绩差，而且行为习惯也差。上课坐不住，听课不专心，喜欢管闲事，作业不能按时完成，下课喜欢追逐打闹。上学期期末考试语文、数学仅七十几分。寒假一放，杨老师就去了小振家进行家访。

杨老师从表扬优点开始打开家访局面。小振待人热情，有礼貌，热爱劳动，讲卫生。家长听了也点头，杨老师又说："可是不学习可不行，将来没有知识干什么都吃力。现在管还来得及，即使孩子将来不能成为什么人才，做家长的也不会后悔，留下遗憾。严是爱，松是害，不管不教要变坏。"家长说他们也管，可是管不好，有时管狠了奶奶就护。杨老师和家长一起分析了原因。第一，家长管得不到位，不能平心静气地坐下来教。第二，家长不能持之以恒，高兴就管，不高兴就不管，要么就打，奶奶再一护，就完了。第三，可能家长还不知道怎么管教，方法不当。对于孩子的作业，家长主要是检查督促，使之养成好的习惯。现在管是为将来不管。家长听了连连点头。最后杨老师又给家长提了几点建议：一、家长孩子以后尽量自己接送，以便于与老师及时沟通、交流；二、家长和孩子定好合约，不完成作业不准玩，在学校打架回来就罚，教育孩子时让老人离开；三、家长每天晚上陪孩子读半小时课外书，培养孩子的读书兴趣。这样孩子的阅读、理解能力慢慢就会提高，成绩也就会上升。

家访过后，小振有了明显的进步，杨老师及时给予表扬和鼓励。杨老师还经常和家长联系，交流思想，家长也高兴。原来家长很怕见老师，现在主动和老师联系了。放假以来，小振的学习态度有了很大转变，作业不拖拉了，没事时还能看看课外书。虽然他的理解能力还很差，成绩提高不太大，但是作业上错误少多了，杨老师相信有了好的开始就有成功的可能。



家访对改变差生状况是不错的方法，能起到事半功倍的效果。功夫不负有心人，杨老师相信经过自己的努力，班上的差生状况一定会得到改善。

家访是沟通教师、家长、学生心灵的桥梁，拉近了彼此心理距离，有利于交换意见，也有助于达成共识。班主任上门家访，让学生感受到老师的关注和重视，这对学生是个激励，对家长也是个触动，容易在教育形成合力，产生良好的教育效果。

学然后知不足，教然后知困。知不足，然后能自反也；知困，然后能自强也。故曰：教学相长也。

——《礼记·学记》

# 写好操行评语



每到期末,班主任照例要给学生写“操行评语”,其目的不外乎三个方面:一是教育学生。在评语中肯定学生的优点,指出其不足,并提出殷切的希望,鼓励其积极上进。二是帮助学生家长较全面地了解学生在校情况,以便更好地处理“学校—家庭—学生”三边关系,达到共同教育学生的目的。三是鉴定作用。对学生的思想、学习、劳动、社会工作和文体活动等各方面的表现作出描述和鉴定。

“操行评语”要写得准,班主任老师对学生的情况应了如指掌,这样才能避免“千人一面”的俗套评语。每一个学生的实际情况是不相同的,诸如思想品质、学业成绩、家庭背景、兴趣爱好、性格志向、身体素质、劳动观念等都是千差万别的。因此班主任平时应注意观察每一个学生，并尽可能多地与学生谈心，同时主动、广泛地征求科任老师和同学的意见，听取方方面面的反映，从而积累丰富的评价学生的素材。

“操行评语”要写得好，班主任应把握好以下几个问题：一是明确目的，端正态度，要从爱护学生出发，以培养他们成为“四有”新人为目的。二是鼓励为主。要重疏导忌压抑，以鼓励为主，充分肯定学生的优点和进步，促使学生发扬自身的积极因素来克服消极因素；要以发展的眼光看待每一个学生，对一贯表现好的学生，要进一步提出更高的要求和希望；对进步较慢的学生也要满腔热情地肯定他们的成绩，并提出对今后具体要求；对后进生，要善于发现他们的闪光点和良好品质的萌芽，既要让他们明确问题的症结所在，又要让他们看到希望的曙光。三是实事求是。四是恰如其分。对学生的评价须掌握好分寸。

“操行评语”要写得美，班主任们还必须开动脑筋，要特别考虑学生的心理特点，晓之以理，动之以情，做到句句真情，字字亲切，充满爱意。



案例教育

一位省级优秀班主任给她的学生们写下这样的评语：

“老师赞赏你胆大、乐观，又很关心集体；能歌善舞，可谓多才多艺。但在学习上一定要加强，作业要认真完成，不会的要多向老师同学请教，同时课后也要抓紧些，只要你能做到，相信不久以后你的成绩会有很大的提高，老师希望看到你的成绩能像你唱歌和舞蹈一样那么优秀。”

“你是一个品行兼优的好孩子,有一定的组织能力和责任心,能协助老师管理班级,是老师的得力助手。在同学中有很高的威信,爱劳动,讲卫生,爱护环境,学习认真主动,积极思考,大胆发言,课堂练习独立迅速完成,思维开阔,老师很喜欢你。但同时你身上也存在着很多不足的地方,希望你不断努力并改正身上的缺点,相信你一定会成才的!”

“你是一个很有个性的小女孩,一口流利的普通话伴随着你那甜美的笑容,你能力很强,常常能帮老师做很多事情。在学习上,你毫不马虎,课堂纪律方面也比以前好,能够认真听讲,积极发言,和同学相处也好多了,开始有了自己的朋友,学校的生活多姿多彩,老师希望你尽快地适应,把自己融入于学校这个大家庭中,拥有一个属于自己的美好生活与童年时代!”

“作为班长的你为班级做了很多工作,辛苦了。你做事果断泼辣,学习认真进取……你的优点大家有目共睹。但是作为班长,你的学习似乎还缺少点持之以恒的劲头,你的为人处事也似乎缺少点同情与谅解,更少了点为班级服务的心,希望以后的你能时时刻刻严格要求自己,以身作则,这样就更容易开展工作,锻炼自己的能力。”

“性情豪放、开朗,工作认真、负责,这便是你。可是,长得秀气的你脾气怎会那么暴躁呢?再者,一个人

的能力，不是天生就具备的，是在不断的碰壁中慢慢地摸索出来的。别灰心，有了今天的失败，才有明天的胜利，有了在校的碰壁，才有在社会上的得心应手，是不是？”

班主任推心置腹像“谈心录”一样的评语，道出殷切的期望，怎能不打动学生的心？怎能不让学生的内心升腾起一股努力奋进的激情呢！